Joeseph Friedrich Freiherr von Racknitz

Darstellung und Geschichte des Geschmacks der

vorzüglichsten Völker

II. Heft

Joeseph Friedrich Freiherr von Racknitz

Darstellung und Geschichte des Geschmacks der vorzüglichsten Völker
II. Heft

ISBN/EAN: 9783743632288

Hergestellt in Europa, USA, Kanada, Australien, Japan

Cover: Foto ©ninafisch / pixelio.de

Weitere Bücher finden Sie auf **www.hansebooks.com**

JOSEPH FRIEDRICH FREYHERRN ZU RACKNITZ

DARSTELLUNG

UND

GESCHICHTE DES GESCHMACKS

DER VORZÜGLICHSTEN VÖLKER

II. HEFT

Erklärung der Vignetten und End - Kupfer.

Griechischer Geschmack.

Vignette.

Ein Griechischer Tempel mit einem *Portique* von vier Alt-Dorischen Säulen. Es kann solcher einen Saal im Mittel und zwey Cabinets unter der *Plat de forme* auf beyden Seiten enthalten.

End - Kupfer.

Ein Griechischer Altar mit ein paar Gefäßen im nämlichen Geschmack.

Altdeutscher Geschmack.

Vignette.

Die Irmensäule unter einer alten Eiche: vor ihr opfern die Druiden in Beyseyn des im Walde versammelten Deutschen Heeres. Das Costum ist nach der Beschreibung des Julius Cäsars gezeichnet.

End-Kupfer.

Eingang einer Bergveste aus dem mittlern Zeitalter.

Neu - Persischer Geschmack.

Vignette.

Ein Caravanserai oder Haus und Herberge für die Reisenden, welches, wenn das Dach mit Kupfer oder Blech gedeckt würde, auch bey uns zu diesem Behufe nachgeahmt und in einer grofsen Englischen Anlage gebraucht werden könnte. Die vertieften Bogen formiren vor jedem Zimmer einen bedeckten Balcon.

End - Kupfer.

Ein Taubenhaus, so wie man solche um Ispahan findet. Das Parterre kann ein kleines Cabinet mit einer Wendeltreppe enthalten.

Englischer Geschmack.

Vignette.

Perspektivische Ansicht eines im antiken Styl erbaueten Landhauses auf einer sanften Anhöhe in einem Englischen Park.

End-Kupfer.

Die Darstellung der *Strelitzia Reginae*, oder *Heliconia Bihai* und des *Limodorum Tankervilliae*; zwo der neuesten und in den Englischen Gärten vorzüglich geliebten Pflanzen. Aus *Will. Aiton, Hortus Kewensis*. Erstere hat den Namen der Königin zu Ehren, als Beschützerin der Botanik.

Französisch grotesker Geschmack.

Vignette.

Ein Gartenhaus in einer Französischen Gartenpartie nach dem Geschmack Blondels. Das Innere kann einen kleinen Saal mit ein paar Cabinets und Degagements enthalten.

End-Kupfer.

Ein Gartenpavillon von Lattenwerk, welches, wenn es mit Geschmack ausgeführet wird, wegen der Leichtigkeit auch in Englischen Gärten angewendet werden kann.

O-Tahitischer Geschmack.

Vignette.

Ein *Morai* oder Begräbnifsplatz der O-Tahiten, nach der Zeichnung und Beschreibung von Forster.

End-Kupfer.

Ein Zweig des Brodfrucht-Baums aus O-Tahiti; *Artocarpus incisa*.

Griechischer Geschmack.

Unter den schönen Künsten, die zur Bildung des Kunstgeschmacks einer Nation beytragen, behauptet die Bildhauerkunst mit Recht einen vorzüglichen Rang. Da, wo sie sich nicht über das Mittelmäßige erhebt, scheint sie zwar von geringem Nutzen zu seyn; aber dann, wann sie zur Vollkommenheit gebracht ist, stehet sie keiner andern nach.

Alle noch vorhandene Denkmähler zeigen, dafs Griechenland das Land war, in welchem diese Kunst zu ihrer gröfsten Vollkommenheit gebracht worden; und es ist daher fast unvermeidlich, bey der Betrachtung des Griechischen Geschmacks auch einige Blicke auf diese Kunst und ihre Geschichte zu richten.

Es ist nicht meine Absicht, die Frage, in welchem Lande und zu welcher Zeit der Mensch zuerst Formen nachbildete, hier zu untersuchen. Winkelmann in seiner Geschichte der Kunst und andere Schriftsteller werden den Wifsbegierigen darüber umständlich belehren.

Überhaupt aber kann man auch wohl nicht füglich diesem oder jenem Lande allein, oder eben Einem einzelnen Menschen den Ursprung dieser Kunst zuschreiben. Denn auch bey den Wilden in Amerika findet man Spuren einer, freylich groben Bildhauerey; und man kann daher sehr gut Winkelmannen Beyfall geben, wenn er sagt: „Die Künste, welche von den Zeichnungen abhangen, haben, wie alle Erfindungen, mit dem Nothwendigen angefangen, nachdem suchte man die Schönheit, und zuletzt folgte das Überflüssige." —

Diesemnach sind alle Arten der bildenden Künste, also auch die Bildhauerkunst, unter allen Völkern, die dieselben geübt haben, auf gleiche Art entsprungen, und man hat keinen hinreichenden Grund, ein besonderes Vaterland einer oder der andern Kunst anzugeben.

Das Bedürfnifs, dieser erste Keim, fand sich bey jedem Volke; und obgleich alle bildende Künste, ja sogar die Dichtkunst, als Töchter des Vergnügens angesehen werden können, so ist doch das Vergnügen für den Menschen ein eben so nothwendiges Bedürfnifs, als alle die Dinge, ohne welche er gar nicht bestehen zu können glaubt.

Übrigens geht es mit der Geschichte der Bildhauerkunst und der andern bildenden Künste, wie es mit der Geschichte der Völker geht. So interessant es auch seyn würde, das erste Entstehen eines Volkes zu wissen, so verliert sich doch dieses in der dunkeln Vorzeit, und bleibt für uns so ungewiſs und unbestimmt, daſs das, was wir davon zu wissen vermeinen, selten belehrend und befriedigend ist. — Weit wichtiger und befriedigender ist die Untersuchung und Betrachtung der Ursachen des Wachsthums, der Gröſse und des Verfalls der Nationen in den uns nähern Zeiten, wo wir, durch zuverlässige und umständliche Nachrichten belehrt, ein groſses Volk sich bilden, an innerer Kraft zunehmen; und dann bey vermehrtem Reichthum und zugleich überhand nehmender Verschlimmerung der Sitten wieder fallen sehen. — So auch in der Geschichte der Kunst.

Nie werden wir mit Gewiſsheit erforschen, wann, wo, und wie, entstand diese Kunst? Wir finden nur, daſs sie betrieben wurde. In der Folge gewinnt die Geschichte der schon erfundenen Kunst mehr Werth durch ihre Zuverlässigkeit, mehr Interesse durch die Fortschritte, die sie vor unsern Augen macht, durch die Übersicht der verschiedenen Umstände, die jene Fortschritte gerade bey diesem Volke oder in diesem Zeitpunkte verursachten oder begünstigten.

Ich verweile daher nur bey der so oft aufgeworfenen Frage: „Wie und wodurch sind die Griechen zu einem so ausgezeichnetem Grade von Vollkommenheit in der Bildhauerkunst gelangt? und was verhindert uns, es in dieser Kunst eben so weit zu bringen?"

Winkelmann sagt in seiner Geschichte der Kunst: „Die Ursachen und der Grund von dem Vorzuge, welchen die Kunst unter den Griechen erlangt hat, ist dem Einflusse des Himmels, theils der Verfassung und Regierung, und der dadurch gebildeten Denkungsart, wie nicht weniger der Achtung der Künstler, und dem Gebrauche und der Anwendung der Kunst unter den Griechen zuzuschreiben."

Einflufs des Himmels oder Clima — Regierungs - Verfassung des Landes — Achtung des Künstlers — und Anwendung der Kunst im Grofsen — diefs sind also nach Winkelmann die Ursachen, welche die Bildhauerkunst in Griechenland empor brachten.

In der That kann man nicht läugnen, dafs ein schönes günstiges Clima sehr zu den Fortschritten und der Vervollkommnung der Kunst beyträgt, da wohl nichts den Geist mehr belebt, und die in ihm verborgen liegenden Fähigkeiten erweckt, als der Anblick der schönen Natur.

Der milde Himmelsstrich, in dem Griechenland liegt, der üppige Wachsthum und die reife schöne Ausbildung in jedem Producte der Natur, verbunden mit den vortrefflichen Gegenden, die das Auge häufig erblickte, trug unstreitig als eine der ersten Ursachen bey, grofse Künstler hervorzubringen.

Ein Land, dessen Einwohner mit den Beschwerden einer rauhen Witterung kämpfen; wo die Gegend und ihre Producte in Dünste und Nebel verhüllet sind; wo der Bewohner seine ganze Zeit anwenden mufs, um dem undankbaren Boden nur eine kümmerliche Nahrung abzugewinnen, ohne durch schöne Früchte erquickt, durch den Saft der Reben aufgeheitert zu werden: — ein solches Land kann freylich den bildenden Künsten nicht vortheilhaft seyn; obwohl auch hier Ausnahmen vorkommen.

Ohne des milden Himmelsstrichs Griechenlands uns zu erfreuen, können wir Deutschen uns eines Hassens und Glucks in der Musik, eines Mengs in der Mahlerey rühmen, und die nicht geringe Anzahl unserer guten Dichter ist ein hinlänglicher Beweis, dafs ein Land auch ohne diesen Vorzug der Natur dennoch grofse Künstler hervorbringen kann.

Und zuweilen ist selbst der milde Himmelsstrich, der Genufs der schönen Natur, und die allzu grofse Leichtigkeit, die Bedürfnisse des Lebens zu erlangen, der Kunst hinderlich, indem sie den Menschen zu viel Zerstreuung und Genuſs ohne Mühe gewährt, und dadurch den Geist in Trägheit versenkt.

Die Religion, die Regierungsform, · die Sitten und Gebräuche eines .Volks, die Erziehung des Künstlers, der Werth, welchen man den bildenden Künsten beylegt, und ihre Anwendung im Groſsen; alles dieses kann vielleicht mehr, als das Clima, zu den Fortschritten der bildenden Künste beytragen.

Zur Vervollkommnung der Bildhauerkunst trug zugleich die im Allgemeinen schöne Bildung der Eingebornen Griechenlands bey. Hierzu kamen ihre Vorstellungen von der Gottheit, und der eifrige Trieb, die Gottheiten in menschlicher, aber würdiger Gestalt vorzustellen.

Um das Ideal, das sie sich von ihren Gottheiten machten, sinnlich darzustellen, muſsten sie unter der ohnehin im Ganzen schönen Nation die schönsten Formen aussuchen, die zu Idealen brauchbar waren. Und so bildeten die Griechen sich das Ideal eines schönen menschlichen Körpers, das auch uns noch immer zum Muster dienet.

Um die Schönheiten des menschlichen Körpers kennen zu lernen und zu studieren, hatten die Griechischen Bildhauer einen Vortheil, welcher in unsern Zeiten gröſsten Theils verloren gegangen ist.

Die Gymnasien — Orte, wo die schönsten und gesundesten Menschen sich mit Leibesübungen beschäftigten, (denn übel gewachsene wären nicht fähig gewesen, sich um die Preise bey den öffentlichen Spielen zu bewerben) verschafften den Bildhauern nicht allein die Gelegenheit eine genaue Kenntniſs des ruhenden nackenden Körperbaues zu erlangen, sondern auch das Spiel und die Anstrengungen der Muskeln bey den verschiedenen Bewegungen des thätigen Mannes kennen zu lernen, und erleichterten also das Studium der Anatomie am lebenden Körper, ohne welches der Bildhauer nie zu einem hohen Grade von Vollkommenheit gelangen kann.

Mit dieser Kenntnifs der Schönheit des menschlichen Körpers vereinigten die Griechischen Künstler philosophisches Nachdenken, und legten
nicht in jedes ihrer Werke alle Schönheiten ohne Auswahl. Wollten sie
den Vater und König der Götter, Jupiter, darstellen, so gaben sie ihm
einen Charakter von Ehrfurcht erweckender Würde; das Bild
eines Herkules zeigte Stärke, und keiner von beyden die minder ernste,
minder kraftvolle, aber einnehmendere Schönheit eines Appollo oder Antinous.
Um das Ideal des Ausdrucks und den Charakter der Macht, der Leidenschaft und der Thätigkeit ganz zu fassen, studierten sie auch selbst die
Formen der edelsten Thiere.

Diese Bemerkung, welche dem ersten Ansehen nach für unbedeutend
gehalten werden könnte, wird von gründlichen Beobachtern nicht gemifs-
billiget werden. Denn, wenn man die Bildung eines Jupiters betrachtet,
so zeigt dessen Kopf die ganze Gestalt des Löwen, des Königs der Thiere,
nicht nur in den grofsen, runden Augen, in der Völligkeit der anwach-
senden und gleichsam geschwollenen Stirn und in der Nase, sondern
auch in den Haaren, die, gleich den Mähnen des Löwen, von dessen
Haupte herab fallen, vor der Stirn aber sich erheben, und, in einen Bogen
getheilt, sich wieder herunter senken; welches kein gewöhnlicher Haarschlag
am Menschen, sondern blofs gedachtem Thiere eigen ist. Am Herkules
aber zeigt sich die Form eines gewaltigen Stieres in dem Verhältnisse
des Kopfes zum Halse, indem jener kleiner und dieser stärker, als gewöhnlich in der menschlichen Proportion, ist, eben so, wie sich der Kopf zum
Halse des Stieres verhält, um in diesem Helden eine die menschlichen
Kräfte übersteigende Stärke und Macht anschaulich zu bilden. Man
könnte auch die kurzen Haare auf der Stirn des Herkules als ein von den
kurzen Haaren auf der Stirn dieses Thieres hergenommenes Symbol ansehen. —

So wie die Griechischen Künstler in das Bild eines Jupiters Würde und Macht, in den Herkules Stärke zu legen wufsten, so wufsten sie auch ihren jugendlichen Gottheiten den Charakter einer ewig blühenden Jugend beyzulegen.

Die erhabenen Begriffe von dem Charakter der Gottheiten schöpfte der Künstler aus den Gesängen der Dichter; Imagination belebte ihn, er strebte dem begeisterten Sänger nach; und so machte Enthusiasmus ihn zum Bildner, der eben so deutlich zum Auge, als der Dichter zur Seele, sprach.

Mit diesem Enthusiasmus verband der Künstler jenes anhaltende Studium der Natur und des Ausdrucks, den sie in ihre Geschöpfe legt, zu welchem ihm die gymnastischen Übungen die vortheilhafteste Gelegenheit darboten; er fühlte sich nun von dem edlen Ehrgeitz getrieben, durch seine Werke in Tempeln und auf öffentlichen Plätzen Andacht und Ehrfurcht für den vorgestellten Gegenstand zu erregen, für sich Bewunderung zu ernten — und kam so zu einer Stufe der Vollkommenheit, die in unsern Tagen schwerlich zu ersteigen ist.

Wo ist in unsern Tagen der Künstler in einer so günstigen Lage, dafs er den Griechen gleich kommen könnte? — Was für Gelegenheit hat er, die Schönheit der Formen des menschlichen Körpers zu studieren? Statt kämpfender Athleten, statt schöner, zu Ehren der Götter tanzender Jungfrauen, bleiben ihm blofs die zwar schönen, aber dennoch leblosen Werke der Alten; und bey den Kunst - Akademien die Betrachtung und Zeichnung eines Miethlings, der, wenn er auch unter den best gebildeten Menschen ausgesucht wird, doch immer nur eine bleibende Stellung annehmen, und diese beyzubehalten ängstlich suchen mufs. Seine Seele ist in einem Zustande der Apathie, ohne Leidenschaft, oder ein anderes Gefühl, aufser dem der peinlichsten langen Weile; und so sieht der junge Künstler immer

nur eine Bildsäule, — keinen Ausdruck im Gesichte — kein Spiel der
Muskeln in dem Übergange von einer Stellung zur andern, und in dem
mehrern oder mindern Anstrengen der Kräfte.

Da ferner der Bildhauerkunst jetzt nicht mehr der Werth beygelegt
wird, den ihr die Griechen beylegten; so glauben unsre Künstler genug
gethan zu haben, wenn sie ihren Figuren Grazie geben, und statt etwas
Erhabenen höchstens etwas Niedliches hervorbringen. Man gebe
einem unserer Künstler den Auftrag, das Ideal einer schönen Frau zu
bilden: er wird es sich vielleicht zum Fehler anrechnen, wenn er dabey
an eine Ehrfurcht erweckende Minerva dächte, und mehr Beyfall zu
erlangen hoffen, wenn er eine niedliche Figur darstellt, wie wir sie in
diesen Tagen in Gesellschaften und auf Bällen bewundern. — Wird aber
in diesem Werke wahre grofse Schönheit herrschen? Wird es auch auf den
unbefangenen, an modische Annehmlichkeiten nicht gewohnten Mann
wirken? Überdiefs stehen in neuern Zeiten Dichter und Künstler weder
unter sich noch mit der Erziehung der Jugend in der Verbindung, in
der sie bey den Griechen sich befanden. Viele, wenn auch nicht alle, von
unsern Künstlern sind durch die Dürftigkeit genöthigt, blofs nach Brod
zu arbeiten; ihr Geist ist niedergeschlagen, sie sehen sich ohne Aufmunterung, und besitzen blofs das Mechanische der Kunst; litterarische Kenntnisse und Erziehung mangeln ihnen; und daher findet weder der Dichter,
noch der Gelehrte, noch der Mann von der grofsen Welt, einigen Reitz
mit ihnen umzugehen.

Auf einer andern Seite sind viele Männer von sonst guter Erziehung
ohne Eifer für die Kunst; sie betrachten selbige als eine blofs angenehme,
aber nichts weniger als für den Staat wichtige Sache, und mögen daher,
da sie sich mit derselben nie ernsthaft beschäftigen, den Künstler durch
ihr Urtheil nicht leiten, sind auch als richtige Beurtheiler der Kunst nicht

anzuschen. Ganz anders war es hierin bey den Griechen. Die Ehre und das Glück der Künstler hingen nicht von dem Eigensinne eines unwissenden Stolzes ab, und ihre Werke waren nicht nach dem elenden Geschmack oder nach dem übel geschaffenen Auge eines durch Gunst oder Gewalt ernannten Richters gefertigt, sondern die Weisesten im Volke beurtheilten und belohnten sie und ihre Werke. In der Versammlung aller Griechen zu Delphi, so wie zu Korinth, waren Wettspiele in der Kunst unter besonders dazu bestellten Richtern, die zu der Zeit des Phidias angeordnet wurden. Diese Richter waren nicht fremd in der Kunst; denn es gab eine Zeit in Griechenland, wo die Jugend, wie Aristoteles sagt, zur wahren Kenntnifs und zur Beurtheilung der Schönheit gelangen konnte. Die Künstler arbeiteten daher für die Ewigkeit, und die Belohnung für ihre Werke setzte sie in den Stand, ihre Kunst über alle die ängstlichen Rücksichten auf Gewinn und Vergeltungen zu erheben. Überhaupt wurde alles Vorzügliche in der Kunst und in den Arbeiten aufserordentlich geschätzt; sogar in unbedeutenden Dingen konnte 'der geschickteste Arbeiter auf die Aufbehaltung seines Namens rechnen, und Unsterblichkeit des Andenkens war ein Vorzug, den der Grieche ernstlich von seinen Göttern erflehte.

In der That sind auch zum Beyspiel die Namen der Männer, die sich bey Wasserleitungen als Steinmetzen hervor thaten, die Namen vorzüglicher Weber, ja sogar der Name eines Mannes, welcher vorzügliche wohlriechende Salben verfertigte, auf uns gekommen.

Noch bleibt eine Ursache anzuführen, welche dazu beytrug, dafs die Bildhauerkunst bey den Griechen den ausgezeichnetsten Werth erhielt; und diese lag in der Anwendung der Kunst im Ganzen. Dadurch, dafs sie vorzüglich nur den Gottheiten und grofsen um den Staat verdienten Männern geweiht, und für das Heiligste und Nützlichste im Vaterlande bestimmt war, erhielt sie sich in ihrer Gröfse; da hingegen in den Häusern der Bürger edle Simplicität herrschte.

Die Kunst wurde nicht, wie in neuern Zeiten oft geschieht, zu niedrigen Gegenständen angewandt, da nicht selten der Bildhauer für unsere Gärten Colombinen, Arlekins u. s. w. arbeiten mufs, und denn durch dergleichen Spielwerke, so wie durch Einschränkungen des Orts, und oft durch die Launen des Eigenthümers herab gewürdigt wird. Das Werk des Künstlers war damals dem grofsen Begriffe, dafs es für das Volk sey, angemessen. Miltiades, Themistokles, Aristides und Cimon, Häupter und Erretter Griechenlands, wohnten nicht besser als ihre Nachbarn. Die Wohnungen begüterter Personen waren von den gemeinen Häusern nur durch einen Hof, welcher von dem Gebäude eingeschlossen war, und wo der Hausvater zu opfern pflegte, unterschieden.

Der Werth, welchen die Griechen der Bildhauerkunst beylegten, läfst sich schliefslich daraus abmessen, dafs ganze Städte, eine vor der andern, eine vorzügliche Bildsäule zu haben strebten, und dafs ein ganzes Volk die Kosten zu einer Statue, sowohl von Göttern, als von Siegern, in den öffentlichen Spielen aufbrachte. Einige Städte waren auch, im Alterthume selbst, blofs durch eine schöne Statue bekannt, wie Aliphera wegen einer Pallas von Erz, von Hekotodorus und Sostratus gefertiget. —

So wenig aber auch die Griechen geneigt waren, die Bildhauerkunst auf Spielwerke und zur Befriedigung der Lüsternheit einzelner vermögender Männer anzuwenden, so fanden dennoch geschickte Bildhauer hinreichende Gelegenheit, durch ihr Talent ihren Unterhalt reichlich zu erhalten.

Zwar waren die Griechen mit Denkmählern nicht allzu freygebig; aber doch konnte jeder, welcher auf die Erkenntlichkeit seiner Mitbürger gegründeten Anspruch zu machen berechtiget war, oder sich auf irgend eine nützliche Art besonders auszeichnete, sich die Hoffnung machen, dafs zu seinem Andenken eine Statue errichtet werden würde. Es war sogar zuweilen erlaubt, sich selbst dergleichen zu setzen, oder man erhielt die Erlaubniſs, die Bildsäulen seiner Kinder in den Tempeln aufstellen zu lassen. Und da dergleichen Gelegenheiten nicht selten vorkamen, so konnte es den geschickten Künstlern nie an Arbeit mangeln. In unsern Zeiten hingegen, wo, durch die Erfindung der Buchdruckerkunst, die Talente eines Mannes und dessen Name mit weniger Mühe und Kosten verewigt und allgemein bekannt gemacht werden können, ist die Veranlassung, das Andenken groſser Männer durch die Bildhauerkunst zu verewigen, nicht so häufig, und folglich auch der Verdienst für die Bildhauer nicht so ansehnlich.

Aus diesem allen zeigt sich deutlich, daſs bey den Griechen Clima, Religion, Staatsverfassung, Erziehung, Sitten und Gebräuche, so wie die Belohnungen und Aufmunterungen, die der Künstler von Kennern und befugten Richtern in der Kunst erwarten konnte, — kurz, daſs Alles bey-trug, um bey dieser Nation die Bildhauerkunst zu dem Grade von, Vollkommenheit zu bringen, zu welcher sie wirklich gelangte. Selbst die Unglücksfälle, die Griechenland betroffen hatten, muſsten zur Beförderung der Künste dienen; denn die Verheerung, welche die Perser anrichteten, und die Zerstörung der Stadt Athen, waren, nach dem Siege des Themistokles, Ursachen zu Wiederaufbauung der Tempel und der öffentlichen Gebäude. Die Griechen fingen an, mit vermehrter Liebe gegen ihr Vaterland, welches so vielen tapfern Männern das Leben gekostet hatte, und nunmehr gegen alle äuſsere Macht gesichert zu seyn schien, in jeder Stadt auf Auszierung derselben und auf prächtigere Gebäude und Tempel zu denken, durch welche sie auch vorzüglich das Andenken des unsterblichen Sieges bey Salamis zu erhalten suchten. Diese kostbaren Anstalten machten die Künstler nothwendig, und gaben ihnen Gelegenheit, sich gleich andern grofsen Männern zu zeigen. Unter den Statuen der Götter wurden auch die Männer, die für ihr Vaterland bis in den Tod gefochten hatten, nicht vergessen. Sogar diejenigen Weiber, die aus Athen mit ihren Kindern nach Trözene geflüchtet waren, hatten an dieser Verewigung Theil; denn ihre Statuen standen in einer Halle in besagter Stadt, und vermehrten den Werth des hier gezeigten, grofsen und ehrwürdigen Talents der Griechischen Bildhauer, deren nachgelassene Monumente wir noch bis jetzt mit Ehrfurcht betrachten.

Ehe ich zur Beschreibung der zwey den Griechischen Geschmack darstellenden Blätter übergehe, mufs ich noch von der innern Einrichtung der Griechischen städtischen Gebäude und dem Griechischen Geschmacke überhaupt etwas anführen.

Beyde Gegenstände kennen wir blofs aus Beschreibungen; und nur weil wir wissen, dafs die Römer sich nach den Griechen bildeten, können wir von dem, was wir von Römischen Gebäuden in Herkulanum und Pompeji und einigen Villen noch erblicken, auf die Griechischen Wohn- und Lustgebäude und ihr Inneres schliefsen.

Was man von der innern Einrichtung der Zimmer in den städtischen Wohnhäusern beyder alten Völker weifs, schränkt sich ungefähr auf Folgendes ein:

1) Ihre Zimmer waren gewölbt.

2) Sehr oft erhielten sie ihre Beleuchtung blofs durch die Thüren, welche man zu dem Ende aufserordentlich hoch und breit machte. Dieses letztere gründet sich aber vorzüglich auf das, was, wie nur gedacht, zu Pompeji entdeckt worden; indem aufser diesem sich hinreichende Beweise finden, dafs die Alten sich auch der Fenster bedienten. Doch waren sie so in der Höhe angebracht, dafs man durch selbige nicht auf die Strafse sehen konnte.

3) An den Ruinen der *Villa Adriani* und einer zu Tusculum entdeckten Villa bemerkt man, dafs die Zimmer der Alten sehr klein waren.
So war z. B. das Zimmer, in welchem zu Herkulanum die aus mehr als
tausend Rollen bestehende Bibliothek sich befand, so klein, dafs man mit
ausgebreiteten Armen fast beyde Seitenwände erreichen konnte.

4) Bey einigen Zimmern zu Tusculum befand sich eine Art von
Vorzimmer, welches ungefähr so breit war, als nöthig seyn mochte, um
durch selbiges durchgehen zu können; in diesem hielt sich der Thürhüter,
oder derjenige auf, welcher dem Herrn vom Hause die Besuche anmeldete.
Das innere Wohnzimmer des Herrn scheint mit keiner Thür verschlossen,
und nur mit einem Vorhange (*velum admissionis*) bedeckt gewesen zu seyn.

5) Statt der Öfen und Camine hatten sie Wärmeleiter.

6) Ihre Mauern waren mit einem Stuck überstrichen, welcher die
Mahlerey, als die vorzüglichste Verzierung ihrer Zimmer, gut annahm.

Aus allen vorhandenen Beschreibungen und übrig gebliebenen Ruinen
scheint Simplicität mit Reinlichkeit verbunden den vorzüglichsten
Charakter ihrer Zimmereinrichtung ausgemacht zu haben. Demosthenes
sagt selbst: „Themistokles und Cimon, diese Männer, welche aufserdem
dem Luxus sehr ergeben waren, hatten keine prächtigern Gebäude, als
ihre Nachbarn." —

So einfach aber die Wohnungen in den Städten waren, da grofse und
kostbare architektonische Unternehmungen sich blofs auf Tempel und andere
öffentliche Gebäude beschränkten, so viel Neigung hatten die Alten, vorzüglich die Römer, an prachtvoller und kostbarer Einrichtung und Auszierung ihrer Landhäuser.

Einen Beweis davon findet man in den Briefen, in welchen der
jüngere Plinius dem Apollinaris eine Beschreibung seines Landgutes und
Landhauses macht. Säle, mit Marmor verkleidet, Lambrien, gewählte

Bildhauerarbeit, mit Arabesken schön ausgemahlte Zimmer, elegante Bäder, Plätze zu Ballspielen und andern Leibesbewegungen, — alles dieses fand man in diesem Landhause des Plinius, so wie in andern Landhäusern der Römer.

Eine bemerkenswerthe Partie in diesem Landhause war ein Gartenpavillon, welcher aus einem von vier marmornen Säulen getragenem Gitterwerk bestand, und in dem sich ein zu ländlichen Festen ganz besonders eingerichteter Saal befand. Sowohl die Speisetafel, als auch die Sitze um selbige, waren von Marmor; unter diesen Sitzen floß in verschiedenen Bogen Wasser heraus, so daß es schien, als würde es durch den Druck der darüber Sitzenden in Bewegung gesetzt. Dieses Wasser versammelte sich in einem Bassin von polirtem Marmor, welches dadurch immer gefüllt blieb, indem das überflüssige Wasser durch eine verborgene Röhre abgeführt wurde.

Wenn man in diesem Saale speiste, wurden die schwersten und vorzüglichsten Speisen auf den Rand des Bassins gesetzt, die leichtesten aber schwammen in Schüsseln, welche wie kleine Schiffe oder Schwimmvögel gebildet waren, und wurden so zu Wasser aufgetragen.

Sollte bey dem Reitz, den das Neue hat, nicht jetzt noch ein Gedanke der Alten auszuführen seyn, welcher bis hierher noch nicht benutzt worden ist?

Den Geschmack der Griechen in der Zimmerverzierung und der dazu gebrauchten Mahlerey kennen wir, wie schon oben erwähnt, nur aus dem, was durch die Entdeckungen von Pompeja und Herkulanum, den Bädern des Titus, der *Villa Negroni*, u. s. w. auf uns gekommen ist.

So vortreffliche einzelne für den Decorateur brauchbare Ideen aber auch in jenen Ruinen gefunden werden, können dieselben doch im Ganzen genommen, weil die Verzierungen zu sonderbar und zu sehr überladen sind, nicht als ein nachahmungswerther Geschmack empfohlen werden.

Jene Werke sind schon aus den Zeiten, wo der edle Griechische Geschmack bey den Römern in Verfall gerieth, und wovon Vitruv sagt: „Der Werth der Mahlerey werde zu den damaligen Zeiten in glänzenden Farben und in der Sonderbarkeit der Formen gesucht.“

Da von einem in noch ältern Zeiten aufgeführten, und im ächten Griechischen Geschmack verzierten Gebäude keine Denkmähler übrig geblieben sind, die eine bestimmte anschauliche Idee dieses Geschmacks an die Hand geben könnten: so habe ich bey der unternommenen Darstellung des Griechischen Geschmacks zwar die Entdeckungen von Herkulanum, Pompeja u. s. w. benutzt, mir aber dabey immer die Frage vorgelegt: Würde der ältere Griechische Künstler diese Verzierung gebraucht haben?

Die Beantwortung dieser Frage ist allerdings schwer, und ich glaube daher schuldig zu seyn, über die Regel, die ich hierbey befolgt habe, etwas zu sagen.

Ich bin von dem allgemein als richtig anerkannten Grundsatze ausgegangen, dafs der richtige Begriff vom Schönen in den bildenden Künsten aus der Natur geschöpft werden mufs. Sie allein ist die erste Lehrerin des Künstlers, und nur dann kann er hoffen, in seinen Werken hohe und wahre Schönheit zu erreichen, in seinen Urtheilen nicht zu irren, wenn er die Natur fleifsig studiert und ihr treu bleibt. Sein durch dieses Studium veredeltes Herz wird auf seine Werke Einflufs haben, und auch diese werden edel und interessant werden. Jeder Schritt hingegen, durch den der Künstler sich von der Natur, und daher auch von der Wahrheit entfernt, führt ihn zum falschen Geschmack.

Nun scheint zwar dieser Grundsatz eigentlich mehr eine Vorschrift für Zeichner, Mahler und Bildhauer, welche Gegenstände aus der Natur darzustellen haben, als für den Architekten und den Zimmerverzierer zu seyn, da diese das Ideal ihrer Arbeiten nicht allezeit in der Natur finden: allein auch der Architekt und Zimmerverzierer wird gewifs sicherer gehen, wenn er die Natur ebenfalls zu seiner Lehrerin wählet; und diefes war auch gewifs der Grundsatz, den die Griechen befolgten. Die Wahrheit hiervon umständlich zu beweisen, würde hier zu weitläuftig seyn, und ich will daher nur das noch anführen, was sich auf das dem edeln Griechischen Geschmack gewidmete Blatt beziehen kann.

Stille Ruhe, bescheidene Simplicität, abwechselnd mit prachtvoller Mannigfaltigkeit in Farben und Formen — zeigt uns die Natur in ihren Werken.

Oft ganz anspruchslos erhält sie unsern Beyfall um so williger, weil sie ihn nicht zu fordern scheint; und, ohne einer neuen Schöpfung zu bedürfen, weifs sie, durch die schon vorhandenen, unzählbar anders, aber immer zweckmäfsig geformten Urstoffe, uns immer neue Freude zu erwecken.

Hierin nun die Natur zu studieren und ihr nachzustreben, schien mir die Regel, die der Grieche befolgt haben möge — die noch jetzt der Architekt, ohne durch beharrliche Anhänglichkeit am Alten, oder durch schwankende Neuerungssucht sich beherrschen zu lassen, befolgen sollte.

Eine ohne überhäufte Verzierungen, mit ruhiger Simplicität verbundene Eleganz und Mannigfaltigkeit ist daher der Charakter, welchen ich in dem, dem edeln Griechischen Geschmack gewidmeten Blatte, mit Beyhülfe des so geschickten, als geschmackvollen Herrn Hofconducteur Schurichts, darzustellen gesucht habe.

Zu der Grundfarbe dieses Blattes ist darum Roth gewählt worden, weil die Alten sich dieser Farbe bey der innern Verzierung ihrer Zimmer häufig bedienten, ungeachtet sie bis jetzt von den Neuern noch wenig oder gar nicht gebraucht wird. Gleichwohl verdient sie es, bey Zimmerverzierungen angewandt zu werden, da sie ein brillantes und lebhaftes Ansehen hat, und gut erleuchtet werden kann.

In den Bädern des Titus ist unter andern ein Zimmer schwarz und zinnoberroth gemahlt, welches einen sehr angenehmen Eindruck macht. Das Zinnoberroth hat selbst vor der an sich schönen und jetzt häufig gebrauchten himmelblauen Farbe einen Vorzug, weil das Blau bey hellem Sonnenlichte dem Gesicht einen gelblichen Schein, die rothe Farbe hingegen ein munteres und frisches Ansehen mittheilet. *)

Das in der Mitte des Blattes angebrachte Gebäude stellt den Tempel des Theseus, eines der merkwürdigsten Werke der Griechischen Baukunst, vor, das ich vorzüglich gewählt habe, weil der so geschickte und gelehrte Chursächsische Hofbaumeister, Herr Weinlig, mir erlaubt hat, die von ihm verfertigte Beschreibung dieses Tempels hier am Schlusse einzurücken.

Das zweyte Blatt stellt A. einen Trumeau-Tisch, B. einen Spiegelrahmen, und C. einen zu diesem Geschmack gehörigen Stuhl vor.

Die Werke, welche ich zum Theil dabey genutzt, und deren man sich dazu bedienen kann, sind:

---

*) Zum Beweis, dafs die helle oder Zinnoberfarbe den Gesichtern ein munteres und frisches Ansehen mittheilet, kann folgendes dienen. In der Dresdner Gegend, vorzüglich zu Lockwitz und in den umliegenden Ortschaften, befinden sich ansehnliche Fabriken von geflochtenem Stroh, dessen man sich selbst bey der innern Verzierung der Zimmer, als wohlfeile Fufsdecken unter Tafeltische und Ausmeublirung kleiner im ländlichen Charakter erbauten Gartenhäuser, vortheilhaft bedienen kann. In diesen Fabriken nun wird eine Art von Strohhüten für die Weiber verfertiget, welche den Namen Pferdeköpfe führen, und auf beyden Seiten über die Backen hervor bauen. Diese füttern die Landmädchen mit rothem Damis, wodurch sie ihnen zu einer unschuldigen Schminke dienen, und ihnen ein munteres und frisches Ansehen geben.

Griech. G.   5

1. *Vitruvii de Architectura libri X.*

2. *Palladio IV. libri de l' Architettura.*

3. *Stuart's Antiquities of Athens.*

4. *Le Roi Monuments de la Grece.*

5. *Ionian Antiquities.*

6. *Rovine della Città di Pesto, del Paol-Antonio Paoli.*

7. *Le Pitture Antiche d' Ercolano e Contorni incise, con qualche Spiegazione. Napoli* 1779. *nella Regia Stamperia.*

8. *Montfaucon Antiquitées expiquées.* .

9. *Voyage pittoresque de la Grece, par Mr. le Comte de Choiseul-Gouffier. Paris.*

10. *Hoel Voyage pittoresque des Isles de Sicile.*

_____

Theseus, der so berühmte Sohn des Königs Ägeus zu Athen, erscheint in der Geschichte als Heros, König und Abenteurer. Er machte sich um sein Vaterland auf eine so glänzende Weise verdient, dafs ihm dieses noch bey seinen Lebzeiten göttliche Ehre erwies; brachte sich durch seine romantischen Streifzüge um die Achtung und Gunst seines Volks, welches ihn aus seiner Vaterstadt und seinem Königreich verbannte; und acht hundert Iahre nach seinem Tode erbaute ihm Cimon zu Athen einen prächtigen Tempel, sehr wahrscheinlich denjenigen, welcher fast ganz erhalten bis auf unsere Zeiten gekommen ist. Theseus lebte im dreyzehnten, nach andern im vierzehnten Jahrhundert vor Christi Geburt.

Damals hatte die Insel Creta durch die weise Regierung ihrer Könige, des Rhadamantus und seiner Nachfolger, Minos des Ersten und des Zweyten, sich weit über ihre Nachbarn erhoben. Athen erfuhr die Wirkungen ihrer Macht und ihres Stolzes, und war genöthiget, zu einem jährlichen Tribut von sieben Jünglingen und sieben jungen Mädchen sich zu bequemen, welcher auf die grausamste Weise von einer Nation gefordert wurde, die von der Arbeit ihrer Sklaven lebte. Diese Unglücklichen wurden aus dem Volke durchs Loos genommen, und zitterten bey der alljährigen Ankunft der Cretischen Schiffe. Aufgebracht über diese unwürdige Behandlung, welche Ägeus mit zu viel Nachgiebigkeit zu ertragen schien, fing das Volk zu Athen zu murren an, als der heldenmüthige Sohn des Königs, dessen scharfem Blick die vortrefflichen politischen Einrichtungen der Cretenser nicht entgangen waren, sich grofsmüthig darbot, sein Leben zum Dienst seines Vaterlandes aufzuopfern. Neugier und Vaterlandsliebe brachten ihn zu dem Entschlufs, sich als einen der sieben auszuliefernden Jünglinge nach Creta überschiffen zu lassen. Theseus Ruf war bereits Minos dem zweyten zu Ohren gekommen, welcher seine grofsen Vorzüge verehrte, und diese Verehrung ward zur Bewunderung, da er den Atheniensischen Prinzen als einen freywilligen Gefangenen vor sich sah.

Minos behandelte ihn mit dem freundschaftlichen Wohlwollen der Hospitalität der Alten, gab ihm seine Tochter Ariadne zur Ehe, und erklärte von nun an die Athenienser von dem so grausamen als schimpflichen Tribute frey. Theseus erlangte durch diesen glücklichen Erfolg unsterblichen Ruhm. Das Schiff, in welchem er abgesegelt war, wurde, acht hundert Jahre lang nachher, jährlich nach der Insel Delos, dem Lieblingsaufenthalt Apolls, abgesendet, um diesem Gott Dankopfer zu bringen. Theseus glückliche Reise nach der Insel Creta wurde mit Opfern und öffentlichen Festen gefeyert, welche bis in die spätesten Zeiten der Republik Athen fortdauerten.

Während seines Aufenthalts in Creta sah und studierte Theseus die heilsamen Einrichtungen dieser blühenden Insel, und als er nach der Hand zu dem Thron seines Vaters gelangte, beeiferte er sich dieselben in seinem Vaterlande einzuführen. Seine grofsen Unternehmungen dieserhalb waren auch nicht ohne Erfolg. Die Athenienser waren damals noch zu roh, dafs er geschriebene Gesetze hätte einführen können; er brachte es aber doch dahin, dafs die zerstreut umher liegenden Ortschaften des Attischen Gebietes die Einrichtungen der Hauptstadt annahmen, sich in gemeinschaftlichen religiösen Feyerlichkeiten vereinigten, die Obliegenheiten als Unterthanen anerkannten, und, indem sie die Rechte als Bürger genossen, die geheiligten Vorzüge der königlichen Majestät verehren lernten. Er stellte die Isthmischen Spiele wieder her; eine Nachahmung der Olympischen Spiele, welche Herkules kurze Zeit vorher wieder eingeführt hatte.

Theseus wurde als König und Schöpfer seines Reichs allgemein verehrt: für seinen unruhigen, nach hohen Ruhm strebenden Geist aber war die Sphäre, in welcher er sich befand, zu eingeschränkt. Er liefs die Fortschritte des Herkules, seines Zeitgenossen, nicht aus den Augen, und wurde durch die neuen Heldenthaten, mit welchen dieser Prinz seine Rückkehr nach Griechenland bezeichnete, zu gleichen Unternehmungen begeistert, und Pirithous forderte ihn dazu auf.

Herkules, Theseus und Pirithous, vertraute Freunde und edelmüthige Nebenbuhler, athmeten nichts als Gefahr und Sieg. Die öffentlichen Landstrafsen von den Räubern zu reinigen, und wilde reifsende Thiere zu erlegen, wetteiferten sie mit einander, und die unablässigen Kriege, welche die kleinen Griechischen Republiken mit einander und mit ihren Nachbarn führten, gaben ihnen fortwährende Beschäftigung. Theseus wurde zu allen glänzenden Unternehmungen herbey gerufen. Er siegte über die Amazonen an den Ufern des Thermedon in Asien und in den Ebenen von Attika, und zeichnete sich in dem Streit gegen die Centauren vorzüglich aus.

Mitten in diesen glorreichen Heldenthaten, die aber auf das Wohl seines Volks eben keinen Bezug hatten, kam es ihm und dem Pirithous in den Sinn, die Prinzessinnen Helena von Sparta und Proserpina von Epirus zu entführen. Sie trafen erstere im Tempel der Diana im Tanz an, führten sie aus der Mitte ihrer Gespielinnen hinweg, und nahmen ihren Weg nach Epirus. Hier war aber ihr Vorhaben bereits entdeckt. Pirithous wurde grofsen Hunden vorgeworfen, und Theseus kam in ein schauderhaftes Gefängnifs, aus welchem er aber von Herkules wieder befreyt wurde.

Von hier kehrte er in seine Staaten zurück, wo er seine Familie in einer traurigen Lage, und die Stadt durch Factionen zerrissen antraf. Die vornehmsten der Bürger trachteten nach der Oberherrschaft; hierzu kamen die Klagen des Volks über die Verheerungen des Castor und Pollux, der Brüder der Helena, welche in das Attische Gebiet eingefallen waren, und die nicht ganz unverdienten Beschwerden über seine lange Abwesenheit, seine herum schweifende Lebensart und das Unglück zu Epirus, das er sich selbst zugezogen hatte; und er wurde durch den Ostracismus, den er selbst eingeführt hatte, aus seinem Vaterlande verwiesen.

Theseus wollte auf die Insel Creta zu Deukalion seine Zuflucht nehmen, wurde aber vom Sturm an die Insel Scyros verschlagen, wo ihn die Einwohner, eingedenk seiner hohen Geburt und seiner grofsen Thaten, mit aller ersinnlichen Hochachtung aufnahmen. Er kam aber hier bald darauf durch Zufall, oder durch Verrätherey des Königs Lykomedes, ums Leben.

Eine Menge aufserordentlicher Begebenheiten, Erfindungen der Dichter, entstellen diese Vorgänge, welche aufserdem hinlänglich erwiesen sind.

In einem Zeitraum von mehr als acht hundert Jahren hatte Athen die Verirrungen des Theseus vergessen; das Andenken an seine grofsen Verdienste aber war noch nicht erloschen. Das Volk bereute den Undank und die Empörung ihrer Vorfahren gegen ihren König und Wohlthäter. Cimon, der Sohn des Miltiades, brachte auf Befehl des Orakels die Gebeine des Theseus von der Insel Scyros nach Athen, wo sie mit grofsem Jubel empfangen wurden, und über seinem Grabe wurde auf gemeine Kosten, ungefähr um das Jahr 468 vor Christi Geburt, zehn Jahre nach der Schlacht bey Platea, ein prächtiger Tempel aufgeführt. Dieser Tempel lag nahe bey dem Gymnasium des Ptolomäus, welches nicht weit von der Agora, oder dem Marktplatz, entfernt war. Ein Rest von festem Gemäuer in der Stadt, nicht weit von diesem Tempel, ist vermuthlich ein Überbleibsel nur gedachten Gymnasiums.

Die Bauart dieses Tempels ist die Dorische, so wie sie an allen alten Griechischen Tempeln angetroffen wird, und zeugt von dem Zustande der Baukunst unter den Griechen im fünften Jahrhundert vor Christi Geburt. Der ungefähr zwanzig Jahr hernach erbaute Tempel der Minerva in der Akropolis, oder jetzigen Cidatelle Athens, ist ganz in eben dem Styl aufgeführt. Der Plan gegenwärtigen Tempels des Theseus ist ein ablanges Viereck, dessen Breite mehr als zweymal in der Länge enthalten ist. Die Breite desselben beträgt, nach den Ausmessungen des *Le Roi*, 42 Fufs, 11 Zoll, 4 Linien; die Länge aber 100 Fufs, 1 Zoll. Die Breite des Vordertheils nehmen sechs Säulen ein, eine Art von Anlagen, welche die Griechen Hexastylos benennten, und ein mit Säulengängen ringsum umgebener Tempel, wie gegenwärtiger, hiefs, zu Folge dieser Einrichtung, ein Peripteros. Diese Säulengänge ruhen auf Stufen, welche vor der Hand zum Theil mit Erde bedeckt sind. *Le Roi* hat deren drey angegeben. Die auf diesen Stufen fortgehenden Säulen stehen, nach Art der Griechen, sehr enge beysammen. Ihre untere Stärke verhält sich gegen ihre Zwischenweite beynahe wie vier zu drey. Gleiche Verhältnisse befinden sich auch bey dem Parthenon. Ihre Höhe verhält sich zu dem untern Durchmesser wie siebzehn zu drey. Sie haben, wie alle alte Dorische Säulen, keine Basen, und eben so wenig ein Astragal am Obertheil, welches durch den so genannten Hals der Säule von dem Kapitäl abgesondert wird. Beyde kamen später unter den Römern erst in Gebrauch. Ihre Verjüngung oben unter dem Kapitäl beträgt beynahe den dritten Theil der untern Säulenstärke, welche im Durchmesser 3 Fufs, 3 Zoll enthält. Die Breite des Abakus beträgt 3 Fufs, 6 Zoll, 4 Linien. Die Höhe des Gebälkes hält beynahe den dritten Theil der Säulenhöhe, von welcher die Kornische den sechsten Theil, die Friese und der Architrav aber zusammen fünf Sechstheile erhalten haben; letztere sind fast von gleicher Höhe. Die Kornische ist äufserst einfach; sie besteht nur aus der hervorragenden Platte mit einem Plättchen bekrönt; die Mutülen unter der Platte sind auch über den Metopen wiederholt.

Nach Chandlers Nachrichten ist das innere Gewölbe und das Dach neu und mit einigen Öffnungen durchbrochen, um das Innere zu erleuchten. Die Decken über den Säulengängen aber haben sich, einige herab gefallene Steine ausgenommen, des hohen Alterthums ungeachtet, noch ganz erhalten. *Le Roi* hat eine Zeichnung dieser Decken gegeben, die so schön als gelehrt und interessant ist. Diese Abbildung legt die Construction dieser Decken, und die so natürliche als nothwendige Verbindung ihrer Theile und des Gebälkes selbst so anschaulich dar, dafs sie als Bestätigung und Widerlegung mehrerer Hypothesen sich darstellt. Die Höhe des Giebels beträgt den achten Theil seiner Grundlinie. An dem dreyeckigen Feld desselben ist nichts irgend einem Basrelief ähnliches vorhanden, und es ist entweder hiervon nichts da gewesen, oder es sind bey Wiederherstellung des Daches die daran befindlichen Bildhauereyen hinweg genommen worden.

Die Cella, oder das eigentliche Tempelhaus, hat an den vier Ecken Pilaster, welche ihre eignen, von den Kapitälen der Säulen ganz verschiedenen Kapitäle haben. Das Innere desselben ist ohne alle Verzierung; an den äufsern Wänden aber befinden sich noch Spuren von ganz verblichenen Gemählden, welche wohl noch von dem alten Griechischen Mahler Mikon seyn können, vielleicht aber auch von Heiligen-Bildern aus neuern Zeiten.

Nach dem Zeugnisse des Pausanias, welcher im zweyten Jahrhundert christlicher Zeitrechnung Griechenland durchreiste, befanden sich an diesem Tempel drey Gemählde von Mikon, deren ersteres den Kampf der Athenienser mit den Amazonen, und das zweyte den Streit der Lapithen und Centauren vorstellte. Das dritte Gemählde erforderte eine Erklärung, theils, weil schon zu Pausanias Zeiten ein Stück davon ausgelöscht war, theils, weil Mikon dieses Gemählde nicht ganz vollendet hatte. Die Athenienser erzählten dem Pausanias, der Inhalt dieses Gemähldes sey folgender gewesen: Minos, der König auf der Insel Creta, habe von Theseus verlangt, dafs er seine Abkunft von Neptun dadurch erweislich machen sollte, dafs er einen Ring, welchen Minos eben ins Meer warf, wieder von da herauf bringen könnte. Theseus habe sich alsbald ins Meer gestürzt, und sey kurz darauf mit dem Ringe und einer goldnen Krone, mit welcher ihn Amphitrite beschenkt hatte, wieder zurückgekehrt.

Vor der Eingangsthür in die Cella, an der vordern schmalen Seite, ist der Porticus doppelt, oder zwey Reihen Säulen hinter einander angebracht. Diese Thür ist 7 Fufs, 6 Zoll breit, da hingegen die Zwischenweiten der Säulen vor derselben nur 4 Fufs, 5 Zoll betragen, so dafs die Thür zum Theil von den vor ihr stehenden Säulen bedeckt wird. Diese in unsern Zeiten nicht gewöhnliche Anlage thut in der Natur die Wirkung nicht, welche sie in einer geometrischen Zeichnung hervor bringt. So bald man sich den Säulen nähert, erscheint die Thür in ihrer ganzen Breite, nach den nothwendigen Regeln der Optik. Die Griechen scheinen von der vortrefflichen Wirkung, welche nahe an einander gestellte Säulen hervorbringen, von der herrlichen Wirkung, welche die vor der Thür aufsteigenden Säulen von innen gewähren, so überzeugt gewesen zu seyn, dafs diese Anordnung an allen alten Griechischen und Römischen Tempeln ohne Ausnahme angetroffen wird.

Die ganze Höhe des Vordertheils dieses Tempels mit Inbegriff des Giebels, von der obern Fläche der Stufen an gerechnet, verhält sich zur Breite desselben beynahe wie zwey zu drey.

Die Metopen der Friese des Gebälkes sind mit meisterhaften Bildhauereyen in hoch erhabener Arbeit, Vorstellungen der Thaten des Herkules und des Theseus verziert, die aber durch die Länge der Zeit sehr gelitten haben. Theseus, wie er einen Baum umfafst, um ihn zu beugen. Eine Vorstellung der Niederlage des Senis. Dieser berüchtigte Strafsenräuber, welcher sich auf der Landenge von Korinth aufhielt, hatte die Gewohnheit, alle diejenigen, welche er in seine Gewalt bekommen konnte, an gegen einander gebeugte Fichten zu binden, und diese Bäume sodann los zu lassen, welche durch ihre Schnellkraft diese Unglücklichen in viele Stücke zerrissen. Theseus behandelte ihn auf gleiche Weise, nachdem er ihn überwunden hatte. In einem andern Basrelief erscheint eine männliche Figur, welche eine andre im Mittel des Körpers anfafst, und ihn weit von sich weg zu werfen scheint. Wahrscheinlich ist Theseus hier vorgestellt, wie er den Sciron von dem Felsen herab stürzt, welcher alle Vorübergehende zwang, ihm die Füfse zu waschen, und sie sodann von dem Felsen hinab stürzte. Der Streit des Theseus mit der fürchterlichen Saumutter von Kromion, Phoea, der Mutter des Kaledonischen Ebers, ist auf einem andern Basrelief abgebildet. Eine männliche Figur, welche einer weiblichen die Hand darreicht, zeigt vielleicht die Entführung der Ariadne oder Helena von Theseus an. Theseus, wie er mit Cercyon ringt; wie er den Minotaurus erwürgt, den Marathonischen Stier in Athen hinein treibt; Herkules im Kampf mit dem Nemäischen Löwen; wie er mit dem Iolaus die Hydra umbringt, und die goldnen Äpfel von einer der Hesperiden empfängt.

Zwey Figuren mit Schilden könnten vielleicht Herkules mit seinem Gefährten Iolaus vorstellen, welche in die Hölle hinab stiegen, wo sie Theseus und Pirithous auf einem Felsen sitzend antrafen, und eine weibliche Figur in ihrer Mitte, vielleicht die Metanoia oder Reue. Diese letztern Figuren befinden sich auf einem, der innerhalb der bedeckten Säulengänge, an der Cella, noch vorhandenen trefflichen fortgehenden Basreliefs, deren eines den Streit der Lapithen mit den Centauren, das andre eine Schlacht mit den Thebanern vorstellt. Auch diese sind durch die Länge der Zeit sehr schadhaft geworden.

Gegenwärtig ist dieser Tempel dem heiligen Georg gewidmet, und die Griechen lesen an den Festtagen Messe darin. Die Türken üben ihren Muthwillen auf verschiedene Art an demselben aus, und schiefsen mit Kugeln gegen die mit Blech beschlagene Thür, um die Güte ihres Gewehrs und ihre Geschicklichkeit im Treffen zu versuchen.

Altdeutscher Geschmack.

Deutschland wie es jetzt ist, und Deutschland wie es einst war, — welche contrastirende Bilder! Wie interessant ist die Beobachtung der Fortschritte der Cultur, durch die dieses Land aus unwirthbaren Wäldern, Sümpfen und Gebirgen, in fruchtbare anmuthige Wohnplätze, und seine 'nur Jagd und Krieg liebenden Bewohner in ein durch Wissenschaften und

Künste eben so als durch seine angestammte Redlichkeit und Gutmüthigkeit sich auszeichnendes Volk umgeschaffen wurden!

Natürlich bildete und wandelte sich der Geschmack des Volks immer in Verhältnifs mit der Änderung seiner Sitten. Allein, so viel Einflufs auch das verschiedene Zusammentreffen der Deutschen mit fremden Völkern auf ihre Sitten und ihren Geschmack gehabt haben, so kann man doch behaupten, dafs sie in allen diesen immer etwas eigenthümliches behielten, und dafs ihr Geschmack, besonders in den ältern Zeiten, das Gepräge des National-Charakters deutlich an sich trug.

In furchtbar schöner, hie und da grausender und abschreckender Wildnifs wohnten unsre Vorältern; eine Hütte von Baumstämmen, zuweilen eine Höhle in Felsen war ihr Obdach — und noch in der Folge, ihre nach fremden Mustern erbaute bessere Wohnung immer weder schön, noch bequem.

Diese spätern Gebäude — die dauerhaftesten Denkmähler des Geschmacks — sind fest, noch jetzt der untergrabenden Wirkung der Zeit trotzend, — aber ohne Reitz für das an Schönheit gewohnte Auge, ohne Bequemlichkeit für den Bewohner, — gleich wie der Charakter ihres Erbauers, männlich, ernst, von unerschütterlicher Treue — aber rauh und ungefällig war. Wir bedauern sie, wenn wir ihren Zustand mit dem unsrigen vergleichen. Allein zu jener Zeit, wo die Übung seiner Kräfte im Kampfe gegen die Thiere oder gegen seine Feinde das liebste Geschäfte des Mannes war, wo er unauflöslich an seinem Worte hing, wo er von einem Jahre lang dauernden Zuge in fremde Lande, mit unverletzter Treue gegen sein Weib oder seine Verlobte zurück kam; als das blauaugichte Mädchen mit ihrem Bruder bey einfacher Kost heran wuchs, mit zunehmendem Alter die Gehülfin ihrer Mutter im Hauswesen ward, ihr ganzer Schmuck in ihrem aufgeknüpften blonden

Haar und einem rothgestreiften leinenen Gewand bestand; als müfsige Schmausereyen und Schauspiele voll Liebeshändel ihre Einbildungskraft noch nicht aufreitzten, keine schlüpfrige Theatermoral, die über Laster scherzt, sie mit blendenden Farben mahlte und die Unschuld lächerlich machte; als der Jüngling noch nicht sie durch Schmeicheleyen zu verführen suchte, — wie hätte der biedere Deutsche schmeicheln können? — Als sie dann, wenn sie Gattin und Mutter ward, ihre Kinder keiner üppigen Amme, keiner unachtsamen Wärterin überliefs, die Pfänder ihrer Liebe selbst säugte, selbst ihre Aufseherin und Pflegerin war; als die Deutsche Frau, indefs dafs der Mann jagte, oder am Herde schlummerte, den Ackerbau und die häuslichen Geschäfte besorgte, im Kriege aber mit ihren Kindern ihm nachzog, und, wenn er in das Treffen ging, ihn liebend bat, für das Vaterland zu fechten, in der Wagenburg Augenzeuge seiner Tapferkeit war, und seine Kräfte, wenn sie erschöpft waren, zu stärken, seinen erkaltenden Eifer wieder anzufeuern suchte, dem Verwundeten liebevoll das Blut abtrocknete, die Wunden verband und heilte, und durch ihren Kufs, durch ihr Lob, durch ihre zärtliche Pflege, seine Siege belohnte; — mit Einem Wort, als der eigentliche Sporn der Deutschen Tapferkeit die Weiber waren: da verdienten diese Weiber, so wie jetzt ihre ihnen ähnlichen Töchter, die ganze Achtung jener und unserer Zeit. Der Wahn des Deutschen, dafs in dem weiblichen Geschlecht etwas heiliges und ein wahrsagender Geist wohne, war verzeihlich — und unsere Vorfahren bey aller Rauheit ihrer Sitten nicht so sehr zu bedauern, als wir es vermeinen.

Die Sitten haben sich gemildert. Der Deutsche liebt nicht mehr blofs Jagd, Krieg, Spiel und Trunk, — fordert nicht mehr für jede kleine Beleidigung blutige Rache; er liebt auch Wissenschaften, Künste, geselligen Umgang — er unterwirft sich dem Gesetz; — und wie viel hat das schöne Geschlecht an Anmuth gewonnen! „Allein hat der Mann noch jenen steten, unwandelbaren Sinn seines Vorfahren, hängt das liebenswürdigere Weib noch so unzertrennlich an ihrem Gatten, an den Pfändern ihrer ehelichen Liebe?" —

So auch der Geschmack! Er ist berichtigt, geläutert, verfeinert: — aber werden noch jetzt Denkmähler aufgeführet, die nach Jahrhunderten wegen der Kühnheit ihrer Anlage, der Schwierigkeit ihrer Ausführung und wegen ihrer Dauer werden angestaunt werden?

Doch keine Vergleichung beider Zeitpunkte! So viel bleibt doch gewiß, daß der alte Deutsche Geschmack unserer Aufmerksamkeit werth, und selbst zuweilen bey Gebäuden und deren innern Verzierung noch anwendbar ist.

Um diesen Geschmack kennen zu lernen und zu beurtheilen, muß man in die ältere Geschichte zurück gehen, auf die hier einige flüchtige Blicke folgen.

Eine Baukunst existirte in Deutschland in den ersten Zeiten eben so wenig, als bey andern uncultivirten Völkern.

Zu den Zeiten des Tacitus hatten die Deutschen weder Städte noch Dörfer; sie wohnten zerstreut, ein jeder in der Mitte seiner Besitzungen.

Dieses blieb noch lange so, bis zu den Zeiten Carls des Grofsen, der sein Volk auch mit der Baukunst, so wie mit andern Künsten und Wissenschaften, bekannt machte.

Indessen waren die Städte, welche damals angelegt wurden, nichts als ein Haufen nahe an einander gebauter Hütten, von Holz und Lehmen zusammen gesetzt, mit einem Graben und Wall von Erde umgeben, und sie dienten blofs dazu, dafs bey entstandenem Kriege, oder bey unvermutheten feindlichen Einfällen, Weiber, Kinder und Vermögen dahin in Sicherheit gebracht werden konnten.

Nach Einführung der christlichen Religion baute man an solchen Orten auch Kirchen, im Anfange zwar nur von Holz, nebst den Wohnungen für den Bischof oder den Priester und seine Gehülfen. Dieses war eine der ersten Ursachen zur Aufnahme der Städte, da die in der Nähe herum wohnenden Landleute dahin kamen, um dem Gottesdienste beyzuwohnen.

In der Folge liefsen sich einige, besonders die, welche eine Kunst oder ein Handwerk verstanden, daselbst nieder, und weil sie nicht so viel verdienten, um sich alle Bedürfnisse anzuschaffen, erhielten sie von dem Bischof oder dem Grafen ein Stück Land und eine Wohnung, wofür sie ihm aber dienstbar werden mufsten.

In diese Zeiten fällt auch die Anlegung der ersten Kastelle oder Burgschlösser durch die Eingebornen. Die Römer hatten *Castella* oder befestigte Wohnplätze für die in den eroberten Gegenden liegenden Besatzungen. Nach Vertreibung der Römer nahmen die Anführer ihre Wohnung in den eroberten Kastellen; andere Deutsche Völkerschaften fanden diese Anlagen vortheilhaft, arbeiteten den Römern nach, und erbaueten dergleichen mehrere in ihren Ländern.

Die Franken waren die ersten, die solche Burgschlösser aufführten, und hierdurch wurden diese Gebäude den übrigen Deutschen bekannt. Man sieht allen diesen Schlössern, deren Überreste sich noch bis jetzt erhalten haben, den Römischen Ursprung an, der sich vorzüglich in den hohen runden, oder viereckigen Thürmen und in den runden Bogen, die darinnen häufig angetroffen werden, deutlich zeigt.

Carl der Grofse beförderte die Cultur der Deutschen auch in Absicht auf die Baukunst gar sehr durch sein Beyspiel, indem er zu Aachen, Ingelheim und andern Orten grofse Gebäude und schöne Schlösser anlegte, wozu er viele in Deutschland bisher unbekannte Materialien, vorzüglich Marmor, auch andere Kunstwerke aus Italien herbey schaffen liefs.

Gerhard, Bibliothekar des Kaisers, besafs viele Kenntnisse in dieser Kunst, und führte die Aufsicht über die meisten Gebäude, die Carl anlegen liefs. Auch der bekannte Eginhard war ein grofser Liebhaber der Baukunst, und erhielt die Aufsicht über den Bau des Aachner Schlosses. Demohngeachtet konnte die Baukunst in Deutschland damals noch keine grofsen Fortschritte machen; erst unter Kaiser Heinrich dem Ersten ward sie höher getrieben.

Heinrich machte in dem Hunnen - Kriege die Einrichtung, dafs von den Freyen, die bis dahin auf ihren Gütern gewohnt hatten, der neunte Mann in die Städte ziehen mufste, und alle Zusammenkünfte der Stände in den Städten gehalten wurden. Hierdurch vermehrte sich daselbst die Volksmenge und der Erwerb der Handwerker. Die Städte kamen nun nach und nach empor, wozu die Verbindung zwischen Deutschland und Italien ebenfalls viel beytrug. Nun vergröfserte man die Städte, umgab sie mit Mauern, erbauete Hauptkirchen und andere öffentliche Gebäude von Steinen, und schmückte erstere mit Kunstwerken und kostbaren Geräthen.

Heinrich legte auch einige neue Städte an, als zum Beyspiel Quedlinburg, erbauete die Schlösser zu Meifsen und Merseburg, und stiftete über zwanzig Klöster.

Indessen war doch der Unterschied des Zustandes der Deutschen Völker des Mittelalters in Rücksicht auf ihre Wohnungen und übrige Lebensweise gegen den Zustand ihrer jetzigen Nachkommen sehr beträchtlich. Die gröfsten Städte Deutschlands waren einen langen Zeitraum hindurch, wie schon gedacht, nur unordentliche Haufen hölzerner Häuser oder Hütten, *)

---

*) Göttingisches Magazin, II. Band, 2. Stück, Seite 263 — 269.

die mit Stroh gedeckt und nicht einmal mit Rauchfängen versehen waren.
Die kleinern unter diesen Hütten waren so leicht, dafs sie in mehreren
Gegenden Deutschlands, und unter andern in Hessen, zur fahrenden Habe
gerechnet wurden.

Einen grofsen oder gar den gröfsten Theil dieser Hütten nahmen die
Viehställe weg, die, so wie die Düngergruben, gemeiniglich nach der Strafse
hin angelegt waren, oder dahin den Ausgang hatten, damit das Vieh desto
bequemer eingelassen und ausgetrieben werden konnte. Dergleichen
Schweinställe waren als ein Zugehör des Vorderhauses unter andern in
Berlin noch in der Hälfte des letzten Jahrhunderts zu finden, und konnten
nicht anders, als durch das Verbot der Schweinezucht selbst, hinweg
geschafft werden.

Die menschlichen Bewohner afsen und ruhten entweder nach alter
Sitte um den Herd, oder sie waren in enge, niedrige und dumpfige Stuben
zusammen gedrängt, wodurch häufig ansteckende Krankheiten erzeugt
und verbreitet wurden.

Die Strafsen in den Städten waren schmal, krumm, und, so wie die
grofsen Plätze, ungepflastert. In diesen Städten und auf diesen Plätzen
wühlten die Schweine der Einwohner beständig umher, und die Unreinig-
keiten wuchsen zu Hügeln empor, welche nicht blofs den Durchgang der
Menschen hinderten, sondern auch den freyen Durchzug der Luft hemmten.

Paris war eine der ersten christlichen Städte in Europa, wo im Jahre
1182 mit dem Pflastern der Strafsen ein Anfang gemacht wurde. Als in
der ersten Hälfte des zwölften Jahrhunderts der Französische Prinz Philipp,
ein Sohn Ludwigs VI. oder des Dicken, in der Strafse von Paris mit dem
Pferde stürzte und den Hals brach, weil ein Schwein dem Pferde zwischen
die Beine gelaufen war und es scheu gemacht hatte, so untersagte man
das Umherlaufen der Schweine in der Hauptstadt; welches Verbot noch

in den drey folgenden Jahrhunderten oft, aber immer vergeblich wieder-
holet wurde.

Ohngeachtet nun in den gröfsten Städten Deutschlands wegen der
häufigen Brände, wozu die hölzernen mit Stroh gedeckten Hütten Gelegenheit gaben, schon im dreyzehnten Jahrhunderte steinerne Häuser zu bauen
befohlen wurde, und ohngeachtet die Deutschen Städte im vierzehnten Jahrhunderte einen grofsen Theil der übrigen Europäischen Städte an Nettigkeit
und Reinlichkeit übertrafen, so fallen doch die frühesten öffentlichen
Anstalten zu Reinigung der Strafsen, Plätze und Kanäle schon in das Ende
des sechzehnten und gröfstentheils in das siebzehnte Jahrhundert.

Bis dahin waren die gepflasterten und ungepflasterten Städte in
Deutschland mehr oder weniger stinkende Sümpfe, welche die Luft ver-
gifteten, und in Verbindung mit der schlechten Nahrung und den engen
Wohnungen, aufser ansteckenden Seuchen, noch mehrere jetzt unbekannte
Hautkrankheiten hervorbrachten.

Das immer allgemeiner werdende Fahren vornehmer Personen in
bedeckten Wagen trug wahrscheinlich sehr viel zur Reinigung und
Erweiterung der Strafsen bey.

Die Fürsten, Herren und Ritter waren indessen auf ihren hohen
Burgen zwar von dem Schmutz und den bösen Dünsten der Städte frey,
genossen aber übrigens nicht mehr Bequemlichkeit als die Bürger.

Selbst die Verzierungen königlicher und fürstlicher Speisesäle bestanden
vorzüglich in einzelnen silbernen oder künstlich gearbeiteten Tafeln, die
zur Schau da standen, und in einer grofsen Menge goldener und silberner
Trink - und Tafelgeschirre, die in mehreren Stufen pyramidalisch aufgestellt
oder aufgethürmt waren. Die Tische, an welchen selbst Könige und andere
grofse Fürsten speiseten, waren gewöhnlich von schlechtem Holze, wie die
Bänke, welche man um die Tische her anbrachte, und mit Decken und

Polstern belegte. Der Fufsboden war in den Speisesälen von Estrich, den man in den Wohnzimmern und Schlafkammern mit dicken Lagen von Stroh, und im Sommer mit Blumen, Laub und feinen Reisern bestreute. Die Tafeln der Grofsen waren schon sehr früh mit feiner Wäsche belegt; auf den übrigen Tischen blieben die Tafeltücher, selbst an fürstlichen Höfen, so lange liegen, dafs man, wie Äneas Sylvius sagt, ihre Grundfarbe zuletzt nicht mehr erkennen konnte. Doch nicht allein in Deutschland, sondern auch in andern volkreichen und mächtigen Staaten, herrschten dergleichen Gewohnheiten.

Im vierzehnten und funfzehnten Jahrhundert erhielten mehrere Örter in Frankreich, die zu den königlichen Domänen gehörten, eine Befreyung von verschiedenen Servituten gegen die jährliche Zufuhr einer bestimmten Zahl von Fudern Stroh für den Pallast des Königs, der Königin und des Dauphins. In den Häusern der Fürsten wurden diese Lager von Stroh wahrscheinlich häufiger, als in den Wohnungen der Ritter, erneuert.

Die Gewohnheit, die Böden der Zimmer mit Schilf und Stroh zu belegen, erhielt sich in England bis in den Anfang dieses Jahrhunderts, so wie die Gewohnheit, auf Bänken zu sitzen, in Frankreich bis gegen Ende des letzten Jahrhunderts.

Für das zahlreiche Haus des Grafen von Northumberland kaufte man das ganze Jahr nicht mehr als siebzig Ellen Leinen, die Elle zu acht Pence. Aus diesem Vorrathe wurden acht Tücher für die Tafel des Herrn und eines für die Rittertafel verfertiget, welches letztere, wie Hume vermuthete, höchstens alle Monate gewaschen wurde.

Wenn der Graf von einem Schlosse auf das andere zog, nahm er stets seinen ganzen Hausrath, Betten, Tische, Stühle, Küchengeschirre und so weiter, mit, und alle die Meublen füllten doch nicht mehr als siebzehn Karren und einen Wagen aus. — Bey feierlichen Gastmahlen hielt eine beträchtliche Zahl von Bedienten brennende Wachsfackeln empor, wiewohl Leuchter schon in sehr alten Zeiten gebräuchlich waren. Gabeln wurden in Frankreich schon im vierzehnten, Servietten aber in eben diesem Jahrhundert noch nicht allgemein gebraucht. Die schlechtere Nahrung und die schlechtern Wohnungen der Völker des Mittelalters hinderten indessen nicht, dafs die Kleiderpracht und der Aufwand der Vornehmen ohne Vergleichung gröfser als jetzt, und der Wechsel der Mode viel häufiger gewesen wäre, als man sich von jenen fälschlich für sparsam gehaltenen Zeiten der Einfalt vorstellet.

Diese kurze Darstellung der wenigen Bedürfnisse der Haushaltung, selbst in grofsen Häusern, kann einen Begriff von dem Zustande geben, in welchem sich die Städte und ihre Bewohner nicht allein in Deutschland, sondern auch in andern mächtigen Staaten Europens befanden. Und doch war das funfzehnte Jahrhundert für die neuere Baukunst eines der merkwürdigsten, weil jetzt der gute Geschmack anfing sich zu verbreiten.

Die Herzoge von Ferrara, Borso und Hercules I., gaben durch die vielen öffentlichen und Privatgebäude, durch die Schlösser, Klöster, Palläste, Säulenhallen und Kirchen, die sie aufführen liefsen, den Baumeistern grofse Aufmunterung. Die Städte Mailand, Pavia, Mantua und andere mehr wurden durch die damaligen Regenten dieser Lande verschönert. Vorzüglich wurde zu Rom von den Päpsten Nicolaus V., Paulus II., Sixtus IV., Julius II., und Leo X., und zu Florenz von Lorenz von Medicis, viel gebauet.

Dieser letztere rief die aus Griechenland vertriebenen Künste nach Florenz, und liefs nicht nur viel schöne Gebäude anlegen, sondern besafs auch selbst Kenntnisse und einen guten artistischen Geschmack.

Bey diesen so verschiedenen und mannigfaltigen Bauen, bey der vielen Pracht, welche auf die Gebäude gewandt wurde, und bey der

Aufmunterung, die dadurch die Künstler bekamen, fing man wieder an, mehr auf die Schönheit zu sehen.   Man ward auf die Reste der alten Gebäude nach und nach aufmerksam, und studierte in ihnen die Schönheit der Formen und die richtigern Verhältnisse der Theile unter sich und zum Ganzen.

Jetzt, da man die Schriften der Alten zu lesen anfing, forschte man auch nach andern Alterthümern, als Münzen, Inschriften und dergleichen, ohne welche man viele Stellen der alten Schriftsteller nicht verstehen konnte.   Und bey dieser Gelegenheit entdeckte man denn auch mehrere in Schutt verfallene Ruinen Römischer Gebäude.

Während dieser Zeit nun, da in Italien der gute Geschmack in der Baukunst wieder erwachte, wurde in den andern Ländern Europens immer noch nach der Gothischen Bauart gebauet.   Allein es dauerte nicht lange, so gewann auch in diesen Ländern das wahre Schöne das Übergewicht; man liefs Baumeister aus Italien kommen, oder man schickte Künstler nach Italien, um daselbst zu lernen.   Die jetzt gewöhnliche Bauart wurde verlassen, und die Römische trat an ihre Stelle.

Fast zu gleicher Zeit, nämlich im Anfange des sechzehnten Jahrhunderts, breitete sich die gute Baukunst nach Frankreich und Spanien, in letzterm Lande vorzüglich unter Philipp II., aus, zu welcher Zeit das Escurial gebauet wurde, und wo in Frankreich Franz I. den berühmten Serlio in seine Dienste nahm.   In diesen Ländern, so wie auch in Italien, erfuhr zwar die Kunst noch mannigfaltige abwechselnde Schicksale, indem sie bald stieg, bald wieder fiel.   In Italien hatte sie sich zu Anfange des sechzehnten Jahrhunderts sehr erhoben; aber sie war hernach unter den Künstlern Beretino da Cortona, Borromini und Bernini wieder herab gesunken, und blieb in diesem Zustande so lange, bis sie erst in den neuern Zeiten wieder verbessert wurde.

In Spanien nahte sie sich unter Philipp III. ihrem gänzlichen Verfalle; sie wurde aber unter der Königin Elisabeth Farnese und unter Carl III., der das Lustschlofs Aranjuez erbauen liefs, wieder hergestellet; wogegen sie in Frankreich immer an Vollkommenheit zunahm. Männer, wie Perrault und Desgodez, mafsen die Gebäude der Alten mit vieler Sorgfalt aus, studierten sie, ahmten sie nach, und die Kunst erreichte unter Ludwig XIV. den höchsten Gipfel.

Auch in England folgte man den Vorschriften der antiken Baukunst zuerst unter der Staatsverwaltung des Cardinals Wolsey, und nachher unter der Regierung der Könige Carls I. und II. Hier bildeten sich die grofsen Architekten Inigo Jones und Christoph Wren, und erwarben sich noch dauernden Ruhm.

Der antike Styl verbreitete sich alsdann in England noch mehr, da die Engländer nicht bey den Überresten der Römischen Baukunst stehen blieben, sondern zur Quelle, aus der die Römer geschöpft hatten, gingen. Sie studierten die Sitten und Gebräuche der Griechen, und führten dadurch einen bessern und reinern Geschmack in der Kunst ein.

Endlich ging dieser gute Geschmack auch nach Deutschland und andere nördliche Länder über.

In Deutschland hatte indessen die Kunst ein wandelbares Schicksal. Man folgte bald Italiänischen, bald Französischen Mustern, je nach dem Geschmack des Bauherrn.

Bis jetzt ist es, ohnerachtet der vielen geschickten Architekten, die Deutschland aufstellen kann, noch nicht dahin gediehen, dafs die Baukunst in Deutschland einen bestimmten Charakter erlangt hätte.

In Sachsen, und vorzüglich in der Residenz Dresden, kann man annehmen, dafs die Architektur erst in der Mitte des sechzehnten Jahrhunderts, unter der Regierung des Churfürsten Moritz, eine verbesserte Gestalt erhalten hat. War gleich von sehr alten Zeiten her in Dresden ein altes markgräfliches Schlofs vorhanden, welches neben der Franciskaner-Kirche zu Ende der kleinen Brüdergasse am Taschenberge stand, so war dieses doch ein sehr schlechtes Gebäude.

Im Jahre 1534 liefs nun Herzog George ein neues Schlofs durch Hanns von Dehn-Rothfelser bauen, welches nun das neue oder Herzog Georgens Schlofs hiefs.

Dieses Schlofs, das zum gröfsten Theile noch besteht, und das König Ferdinand I. im Jahre 1538 sehr schön fand, stiefs gegen Morgen an die Stallbahne, gegen Abend an den damaligen Zwinger, gegen Mittag an die Canzley, und auf der Mitternachtsseite an den nicht mehr vorhandenen Münzhof.

Churfürst Moritz liefs schon 1547 die Abendseite abbrechen und weiter in die Länge vorrücken, (denn da, wo jetzt der grofse Schlofsthurm steht, war ehedem das Ende des Schlosses) den Flügel, worin die Capelle war, von neuen Künstlern anlegen, und die äufsersten Wände *al fresco* durch Italiänische Mahler, Thole und Riccini mahlen; welche Mahlerey auch noch in den Jahren 1676 — 1678 erneuert ward.

Christian I. schmückte das Schlofs auf der Seite nach der Schlofsgasse mit einem Portale, das einen Altan mit Statuen trug.

George IV. zierte es mit dem so genannten grünen Thore unter dem Thurme. Zu Anfange dieses Jahrhunderts 1701 brannte der erneuerte Georgenbau mit dem schon von Churfürst Moritz angelegten Riesensaale ab, und wurde nur erst 1717 von neuem erbauet, wo es König August II., dessen Zimmer sonst der Capelle gegenüber, nach dem kleinen Schloſshofe zu lagen, 1719 bezog. Seitdem ist keine wesentliche Veränderung in seiner äuſsern Form vorgenommen worden. Nicht allein aber diesem nachher so erweiterten Schlosse gab, wie oben gedacht, Churfürst Moritz eine vortheilhaftere Gestalt, sondern er suchte auch die Stadt zu verschönern, indem er unter andern im Jahre 1550 die jetzige Moritzstraſse anlegte.

Wenn man daher eine Epoche bestimmen will, wo die Architektur in Sachsen sich zu zeigen anfing, so kann solche wohl in die Zeit der Regierung dieses Churfürsten Moritz gesetzet werden.

Seit dieser Zeit hat sich aber der damalige Geschmack sowohl in der Architektur überhaupt, als insonderheit in Absicht auf die innere Auszierung der Zimmer, nicht blofs in Sachsen, sondern in ganz Deutschland, so merklich verändert und ohne Zweifel verbessert, daſs der ohnehin nicht auf festen Grundsätzen ruhende Geschmack jener Zeiten in den jetzigen Tagen nicht mehr sonderlich anwendbar zu seyn scheinet.

Dem ohnerachtet ist es billig, dem Geschmack unserer biedern Vorältern in dieser Sammlung von Darstellungen eine Stelle anzuweisen, und dem Liebhaber der Geschichte der Kunst zu zeigen, was Deutschland in diesem Betracht einst war, und was es jetzt ist.

Ohngefähr seit der Mitte des sechzehnten Jahrhunderts bis zu dem Anfange des achtzehnten wurden die Schlösser und Landhäuser in Deutschland weder ganz nach der Art alter Burgfesten, noch ganz im Gothischen, sondern in einem von beyden zusammen hergenommenen und nach dem Bedürfnisse des Erbauers gemodelten Geschmacke erbauet und verzieret; und unter die vorzüglichsten Verzierungen, sogar fast unter die wesentlichsten Stücke eines fürstlichen Schlosses oder eines Rittersitzes rechnete man denn damals Thürme und Giebel, dergleichen man noch selbst an dem Residenz-Schlosse zu Dresden, so wie an mehrern andern Schlössern und adelichen Landhäusern, siehet.

Diesen Geschmack stellen nun die beyden Blätter Nro. 1. und 2. dar.

Das auf

Tafel I.

abgebildete churfürstliche Lustschlofs zu Pretzsch wurde zu Anfange dieses achtzehnten Jahrhunderts von dem Chursächsischen Ober-Land-Baumeister Pöppelmann erbauet, und war der Lieblings-Aufenthalt der Königin Christine Eberhardine, Gemahlin des Königs von Pohlen und Churfürsten zu Sachsen Augusts II. in ihren letzten Jahren und bis zu ihrem im Jahre 1727 erfolgten Ableben.

Was die innere Auszierung der Zimmer der damaligen Zeiten anbelanget, bestand solche in königlichen und fürstlichen Speisesälen vorzüglich in einzelnen silbernen, oder künstlich gearbeiteten, zur Schau stehenden Tafeln, und einer grofsen Menge silberner Geschirre, vorzüglich Pokale.

Die übrigen Verzierungen aber waren gröfsten Theils in dem damals in Italien herrschenden schwerfälligen Geschmack, in welchem auch die Verzierungen auf erwähntem Blatte Taf. I. sind.

Hierbey ist noch anzuführen, dafs die Decken der Zimmer meisten Theils aus schweren Felderdecken bestanden, und in den Feldern Sinnbilder oder Devisen, in der Mitte der Decke aber öfters vergoldete Rosen angebracht waren. Unter dergleichen an der Decke der Zimmer oder des Saales angebrachten Rose war es denn bey unsern Vorfahren der Gebrauch ihre vertraulichen Tischversammlungen zu halten, und mit dem Glase in der Hand einander die Geheimnisse ihres Herzens anzuvertrauen. Was sie auf diesem Platz und bey diesen Gelegenheiten einander anvertrauten, war unter dem strengsten Siegel der Verschwiegenheit; und wahrscheinlich ist daher der Ausdruck: *sub Rosa*, dessen man sich noch jetzt bey der vertraulichen Mittheilung eines Geheimnisses bedienet, entstanden.

Das Blatt

T a f e l II.

zeiget:

   A. Einen Stuhl im alten Deutschen Geschmack. Er ist nach einem dergleichen auf der churfürstlichen Rüstkammer befindlichen Stuhle gezeichnet.

   B. Einen Tisch, in eben diesem Geschmack.

Die vorzüglichsten Werke, aus denen ich hierbey geschöpfet habe, sind:

   1) Wendel Dietterlein, Architektur von Austheilung, Symmetrie und Proportion der fünf Säulen, und aller daraus folgender Kunstarbeit, u. s. w. Nürnberg, 1598. Fol. *c. F.*

2) Der Churfürstlichen Sächsischen weit berufenen Residenz und Hauptvestung Dresden Beschreibung und Vorstellung durch Antonium Wecken. Nürnberg, 1680. Fol. c. F.

3) Einige Titelkupfer alter architektonischer Werke, welche in diesem Geschmack gearbeitet sind.

Neu - Persischer Geschmack.

Der Perser, so wie andere Morgenländer, gleicht einem im Schoofse des Reichthums gebornen Manne, dem man von seiner Kindheit an sagte, er habe Überflufs, und es bedürfe nicht seiner Bemühungen, sondern nur seines Wollens und eines geringen Theils seiner Schätze, um die Thätigkeit anderer Menschen in Bewegung zu setzen, seine

Bedürfnisse zu befriedigen und seine Wünsche zu erfüllen; der, durch diese Vorstellungen geschmeichelt und eingeschläfert, jede Anstrengung des Geistes scheuet, keinen andern Wunsch kennt, als in träger Üppigkeit und Wollust sein Leben zu verträumen, und in einer von ihm unbemerkten Abhängigkeit von denen, deren Kenntnisse und Geschicklichkeit ihm unentbehrlich sind, mehr vegetirt, als lebt.

Die Morgenländer sind gröfsten Theils träge, und werden nur durch die Nothwendigkeit, sich die unentbehrlichsten Bedürfnisse zu verschaffen, in Bewegung gesetzt.

Das günstige Clima, unter dem sie leben, macht, dafs sie nicht allein Überflufs an Nahrungsmitteln haben, sondern dieselben auch aus den Händen der Natur ohne sonderliche Anstrengung und Bemühung erlangen; und es mangelt ihnen fast an aller Aufforderung zu anhaltender Thätigkeit.

Die wenige Anstrengung, zu welcher ihr Geist solchemnach gewöhnt wird, mufs daher, wie den Wissenschaften überhaupt, so auch der Vervollkommnung der Gegenstände, die entweder nahe oder auch nur entfernt zu den bildenden Künsten gehören, nachtheilig werden.

Da sie nach neuen Erfindungen, durch welche ihr Geist angestrengt werden würde, nicht begierig sind, so kann auch die Betreibung der bildenden Künste, da sie ein anhaltendes Studium der Natur, der Art sie nachzuahmen, und der dazu dienlichen Mittel, verbunden mit steter Übung, erfordert, für sie keinen Reiz haben.

Der träge Morgenländer begnüget sich gern mit dem Nothwendigsten, um nur der Bemühung auszuweichen; und wünscht er ja irgend etwas zu besitzen, das ihm neue angenehme Empfindungen oder Genüsse verspricht, so sucht er es lieber von den Fremden ganz fertig zu erkaufen.

Dadurch werden sie aber freylich von andern abhängig.

Übrigens ist das morgenländische Clima allerdings den Wissenschaften nicht günstig. Die grofse Wärme mattet den Körper ab, und viele Nachtwachen und anhaltende Anstrengungen des Geistes sind in diesem Himmelsstriche nicht leicht auszuhalten.

Unter diesen Umständen läfst sich aus der Betrachtung des Geschmacks der Perser neuerer Zeiten in ihrer Bauart, und in der innern Auszierung ihrer Zimmer, nicht viel Belehrendes und Befriedigendes für den Kunstliebhaber erwarten. Es bleiben jedoch immer noch verschiedene interessante Gegenstände anzuführen, welche den Geist dieses Volks in einiger Thätigkeit zeigen, die auch für uns vielleicht der Nachahmung nicht ganz unwerth sind.

Die vornehmste Persische Stadt, welche als die Residenz und wegen der vielen schönen Gebäude die meiste Aufmerksamkeit verdienet, ist Ispahan.

Diese Stadt hat ihren Glanz und ihre Gröfse dem grofsen Schach Abas zu verdanken, der dadurch, dafs er seinen Sitz dahin verlegte, viele Familien veranlafste, sich daselbst niederzulassen. Diese Stadt, welche zweymal durch Timur Beg, oder Tamerlan, und zum dritten Male durch Chosta, König von Persien, gegen welchen sie sich empöret hatte, zerstört wurde, war dadurch fast zu einer Einöde geworden, und ist gegenwärtig doch sehr volkreich.

Der Name Ispahan stammt von dem Worte Aspacan her, und hat Beziehung auf die ursprüngliche Bestimmung dieses Ortes. Asp heifst nämlich auf Persisch ein Pferd, Can aber auf Arabisch ein grofses Wirthshaus, und auf Tartarisch einen Ort, wo man die Caravanen empfängt; und da man in alten Zeiten daselbst die Persische Reiterey versammelt haben soll, so hat die Stadt davon den Namen Aspacan erhalten, welcher in neuern Zeiten in Ispahan verwandelt worden.

Man findet daselbst Menschen fast von allen Nationen; die Gröfse der Stadt aber läfst sich daraus beurtheilen, dafs der König allein mehr als 500 Häuser besitzt, und dafs sie gegen 162 Moscheen, 1802 Caravanserais, 273 öffentliche Bäder enthält, 10 Thore, und einen Umfang von beynahe 8 Stunden hat.

Von weitem sieht sie wie ein grofser Wald aus, weil sich bey jedem Hause ein mit Bäumen besetzter Garten befindet.

Die Stadtmauern sind übrigens von schlechtem Ansehen, nur von Erde gemacht, und mit einigen wenigen Thürmen und unbedeutenden Graben versehen. Das Innere der Stadt läfst dagegen eine sehr grofse Anzahl prächtiger Palläste, gefälliger Häuser, schöner Caravanserais, Canäle und Strafsen erblicken, welche mit Platanusbäumen geziert sind, von denen die Perser glauben, dafs sie gegen die Pest sichern.

Es giebt indessen auch eine Menge schlechte, schmale, krumme und schmutzige Gassen, welche nicht einmal gepflastert sind; da aber die Luft sehr trocken ist, und man defshalb das Erdreich vor den Häusern täglich mit Wasser begiefst, so findet man weder Koth noch Staub.

Der Pallast des Königs ist sehr grofs, und hat fast $1\frac{1}{2}$ Stunden im Umfange; der Eingang ist von Porphyr, das Schlofs aber übrigens mit sehr vielen Gärten umgeben.

Die Decken der Zimmer bestehen meistens aus Mosaique, und ruhen auf vergoldeten Pfeilern; in den Füllungen der Wände hingegen befinden sich viele Krystallscheiben von verschiedenen bunten Farben.

Das prächtigste im Schlosse ist der Audienzsal. Die Perser nennen ihn Tehehel Seton, oder der Vierzig-Pfeiler, ob er gleich nur von 18 getragen wird; es ist aber in Persien gewöhnlich, eine grofse Zahl überhaupt mit der Zahl 40 zu bezeichnen. So nennen sie die Europäischen Kronleuchter Vierzig-Lichter, weil sie viele Arme haben, ingleichen die

Ruinen des Tempels zu Persepolis Vierzig - Säulen, obgleich nur die Hälfte davon vorhanden ist.

Die Wände dieses Audienzsaals sind mit weifsem Marmor getäfelt, und in der Höhe mit reichen Zeugen bekleidet. Der Thron ist mit feinen Perlen und Edelsteinen besetzt.

So viel Pracht aber auch in der Wohnung der Persischen Könige herrscht, so scheinen doch die Wohnungen, die ihnen nach ihrem Tode bestimmt sind, noch schöner zu seyn.

So sind z. B. die nicht weit von Meydoen befindlichen Begräbnifs-plätze der Persischen Könige mit einer aufserordentlichen Pracht verzieret, die Fufsböden mit allerley kostbaren Zeugen belegt, und an den Wänden viele Arabesken in Gold und Himmelblau angebracht, die Fenster von Krystall mit Gold und Himmelblau gemahlt, und mit gediegenem Silber eingefafst, ingleichen die Thüren mit Silber beschlagen.

In dem Architrave sieht man gewählte Sentenzen sowohl in Prosa als in Versen mit goldenen Buchstaben aufgetragen.

Die Lampen, die das Grab des Königes Abas II. beleuchten, sind von gediegenem Golde; die gröfste derselben wiegt 24 Mark, die andern jede 12 Mark.

Das Grab selbst ist mit reichem Persischem Brocat bedeckt, wovon die Elle über 200 Rthlr. kostet. *)

Alles Geräthe, was zu diesen Begräbnifsplätzen gehöret, ist von gediegenem Gold und Silber.

---

*) Die Perser haben viel schöne seidene Zeuge, welche mitunter sehr kostbar sind, und deren sie sich bey der innern Verzierung ihrer Zimmer, und unter andern zu Vorhängen vor Fenster und Thüren bedienen. Diese Zeuge sind viel dauerhafter als die Europäischen. Auch die schönen Teppiche, die man gemeiniglich Türkische nennt, werden meisten Theils in Persien gemacht.

Die Gebäude der Privatleute werden nicht von Bruchsteinen aufgeführt; nicht wegen der Seltenheit der Steine, sondern weil man es wegen der Wärme des Himmelsstrichs vortheilhafter findet; auch des Holzes bedient man sich nicht, ausgenommen zu Säulen, auf denen meistens die Decken ruhen.

Das gewöhnliche Baumateriale sind Luftziegel, wodurch die Häuser, da sie von aufsen blofs mit einer Art von Mörtel beworfen sind, kein schönes Ansehen erlangen, ob sie gleich innerlich bequem und gefallend sind. Meisten Theils bestehen sie blofs aus einem Erdgeschofs, auf welches selten ein Stockwerk gesetzt wird.

Eine Art von Erdwall oder Terrasse von 7 bis 8 Fufs Stärke umgiebt das Hauptgebäude, welches meistens aus einem Saale in der Mitte und vier Seitensälen besteht, die von unten bis oben offen sind, und mit bedeckten Gängen zu vergleichen sind, in welchen 30 bis 40, ja zuweilen 100 in einer Reihe sitzen können.

Diese bedeckten Gänge sind von dem grofsen Saale durch schwache Wände oder dünne Thüren, welche zugleich als Fenster dienen, getrennt. An den Ecken der Säle sind kleine Zimmer ohne Fenster; das Licht fällt durch die breiten Thüren herein. Die Schönheit dieser Häuser besteht vorzüglich darin, dafs sie von oben bis unten offen sind, dergestalt, dafs man darin die freye Luft eben so gut als aufserhalb geniefset. *)

Um die Güte der Teppiche zu untersuchen, setzen sie den Daumen auf den Rand des Stücks, und zählen, wie viel Faden auf die Daumenbreite gehen; denn je mehr Faden in dieser Breite sind, um so viel besser und kostbarer ist der Teppich.

Die gröfste Anzahl Faden, die man in einer Daumenbreite findet, sind 14 bis 15.

*) Die Vortrefflichkeit des Clima und die Trockenheit der Luft ergiebt sich daraus, dafs das Eisen im Freyen gar nicht oder doch nur sehr unmerklich vom Roste angegriffen wird.

Diese Art zu bauen ist aber nur für ein Land wie Persien, wo der Winter kurz, und die Luft warm, trocken und rein ist, anwendbar.

Gegen die Kälte bedienen sich die Perser kleiner Camine, die nur sparsam geheitzt werden, weil das Holz sehr selten ist, und man sich sehr viel der Kohlpfannen bedienet.

In der Mitte der zum Winteraufenthalte bestimmten Stube wird eine Grube von 15 bis 18 Zoll Tiefe und 7 bis 8 Fufs im Durchschnitt gemacht, welche im Sommer mit Bretern belegt, im Winter aber aufgedeckt wird; in diese legt man glühende Kohlen, überschüttet solche mit Asche, und setzt darüber einen niedrigen Tisch, der etwas gröfser als das Kohlenloch ist. Dieser Tisch wird mit starken durchnähten Decken behangen, und die Umhersitzenden ziehen das überhangende Theil der Decke über die Beine bis an den Gürtel.

In den Häusern der Grofsen sind die Fensterscheiben von einem dicken Glas von verschiedenen Farben, so dafs man von aufsen nicht herein sehen kann.

Übrigens findet man fast in jedem Hause einen ausgegrabenen Wasserbehälter.

Die Zimmer selbst sind weniger kostbar als bey uns eingerichtet. Der Fufsboden ist mit einem, oder, wenn das Zimmer grofs ist, mit mehrern Teppichen belegt; ob sie schon Fufsteppiche von 30 Ellen Länge haben, die dabey wegen ihrer Dichtigkeit so schwer sind, dafs zwey Männer sie nicht tragen können.

Auf dem Fufsteppich liegen längs in der Stube herum kleine, drey Fufs breite Matratzen, über die man wieder feinere Decken breitet, welche bey den Vornehmen von reichen Zeugen sind. An der Wand liegen Küssen, um sich daran anlehnen zu können.

Die Meubles werden, wenn sie einmal angeschafft sind, selten erneuert; daher denn die Handwerker nicht so wie in Europa beschäftiget sind.

Übrigens befinden sich in ihren Zimmern weiter keine Meubles, als z. B. Spiegel, Tische, Stühle und dergleichen; nur in den Wänden sind Nischen angebracht, welche ihnen statt der Schränke dienen, um Blumen, Bücher und so etwas hinein zu legen.

Ihre Schlafstellen sind sehr einfach; sie bestehen aus einer Matratze, welche man des Abends auf den Fußboden legt und ein Tuch darüber breitet, dann in einer wollenen Decke und einigen Feder-Kopfküssen. Bey den Vornehmen sind die Matratzen von Sammet, und die Decken von schönem seidnem Zeuge. Des Morgens wird alles zusammen gelegt und in ein dazu bestimmtes Zimmer geschafft. Des Abends werden die Zimmer selten mit Lichtern, sondern nur mit Lampen erleuchtet; doch bedient man sich zuweilen wohlriechender Lichter von Wachs, unter welches Nelken- oder Zimmetöhl gemischt ist.

Die Verzierungen der Wände bestehen meistens aus Mahlerey, selten aus Bildhauerey oder Stuckaturarbeit. Das Erhabene dieser Arbeit, welches aber immer ziemlich flach gehalten wird, lassen sie weiß, und der Grund ist graulich, nachher mahlen sie selbige, und tragen Gold und Himmelblau auf, wodurch sie ein sehr schönes Ansehen gewinnen.

Die Trockenheit der Luft trägt zu dieser Schönheit sehr viel bey, denn sie erhält die Lebhaftigkeit der Farben; auch findet man nirgends solche schöne und lebhafte Farben, als in Persien.

Die Mahlerey befindet sich übrigens im Ganzen genommen in Persien in einem schlechten Zustande. Doch haben die Perser, ohnerachtet sie der Muhamedanischen Lehre zugethan sind, nicht so viel Abneigung gegen die Gemählde als die Türken; und man trifft dergleichen bey ihnen selbst von Figuren, vorzüglich von Pferden, Vögeln, Blumen, und so weiter.

Der ganze Werth dieser Gemählde besteht jedoch nur in der vorzüglichen Schönheit der Farben, denen sie überdiefs einen sehr schönen Firnifs zu geben wissen. *)

Eben so wenig verstehen sie von der Bildhauerkunst, ob diese gleich in gewisser Rücksicht in alten Zeiten bey ihnen im Flor war, wie man noch aus den Ruinen von Persepolis gewahr wird.

Aufser den erwähnten Verzierungen findet man noch in den Persischen Wohn- und öffentlichen Gebäuden an den Wänden, in den Architraven und Decken, Sentenzen und Sprüche, meistens mit goldenen Buchstaben auf lichtblauen Grund gemahlet.

Der Charakter dieser Sentenzen ist aus folgender, die sich auf die Demuth beziehet, ohngefähr zu ersehen:

Ein Tropfen Wasser fiel in das Meer.

Er war von der Gröfse desselben betäubt.

Ach! was bin ich gegen das Meer, in dem ich mich befinde!

Gewifs, ich bin in Vergleichung mit dem Meer, ein Nichts.

Indem er so über seine Nichtigkeit nachdachte,

Kam eine Auster, verschlofs ihn in ihrer Brust, und bildete ihn darin.

Der Himmel unterstützte die Sache, und leitete es dahin,

Dafs aus diesem Tropfen die berühmte Perle der königlichen Krone ward.

Noch eine Verzierung ihrer Zimmer besteht in der vortrefflichen eingelegten Tischlerarbeit, die sie besonders in den Decken der Zimmer anbringen. Sie arbeiten diese Decken im Ganzen, und heben die ganze

---

*) Dieser Firnifs soll aus Sandarak und Leinöhl, welches sie auf eine geschickte Art zu verbinden wissen und zu einem Teige machen, bestehen. Bey dem Gebrauche lösen sie ihn in Naphtaöhl oder mit rectificirtem Weingeist auf.

Decke, wenn sie vollendet ist, vermittelst einer Maschine in die Höhe, wo sie hernach von Säulen getragen wird. Auf diese Art werden Decken in die Höhe gebracht, die bis auf 80 Fufs im Durchschnitt halten.

Da die Reichen und Vornehmen in Persien sehr baulustig sind, so findet man viele öffentliche Gebäude. Denn wenn ein reicher Perser eine Wohnung für sich erbaut, so baut er gemeiniglich aufserdem noch ein Bad und ein Kaffeehaus, welches er vermiethet; oft auch noch einen Karavanserai für Reisende. Letzteren errichten sie zuweilen zum allgemeinen Besten, und alsdann noch eine kleine Moschee, um den Segen Gottes zu erhalten.

Ihr Hang zum Bauen wird übrigens durch die grofse Abneigung, die Häuser ihrer Vorältern zu bewohnen, vermehret.

Unter den öffentlichen Gebäuden, die sich bey den Persern besonders auszeichnen, sind die Brücken, deren es in Ispahan einige von vortrefflicher Bauart giebt, und dann die Caravanserai's. Die letztern verdienen es, dafs man sich bey ihnen aufhält, besonders da eine ähnliche Einrichtung in manchen Europäischen Staaten wünschenswerth seyn würde.

Diese Karavanserai's sind grofse zum Aufenthalt für Reisende bestimmte Gebäude, deren Nothwendigkeit und Entstehung grofsen Theils daher rühret, dafs der Morgenländer, bey wenigern künstlichen Bedürfnissen, bey einem schönen Himmelsstriche, weniger zum Reisen Lust und Veranlassung hat, als der Europäer. Die geringe Anzahl einzeln reisender Personen konnte die Anlegung öffentlicher Wirthshäuser weder veranlassen noch begünstigen. Und da man überdiefs mehr in zahlreichen Gesellschaften reiset, und sich dabey auf einige Zeit mit Lebensmitteln versieht, so entstand zwar die Nothwendigkeit, grofse Gebäude, wo mehrere Reisende ein Obdach finden könnten, anzulegen, nicht aber gerade solche Häuser einzurichten, wo dieselben für Bezahlung alle Bedürfnisse erhielten.

Hierzu kam noch die religiöse Idee, dafs man die Anlegung solcher Häuser als eine Gott wohlgefällige milde Stiftung ansah; und so wurden denn dergleichen Caravanserai's häufig angelegt.

Da man sich in Persien keiner Bettstellen, Tische noch Stühle bedient, indem man auf dem Erdboden auf ausgebreiteten Decken speist und schläft, so ist das Reisegeräthe sehr leicht, und man braucht nur einen bedeckten Ort, um einkehren zu können, wozu denn eben die Karavanserai's erbauet werden.

In diesen kann nun jeder Reisende von den leeren Stuben Besitz nehmen, kann so viel Tage, als ihm gefällig ist, darin bleiben, und verläfst sie, ohne dafs man ihm etwas für die genossene Wohnung abfordert. Zuweilen sorgen sogar die Erbauer und Stifter dieser Häuser dafür, dafs den Reisenden die nothwendigsten Lebensmittel umsonst gereicht werden. Ist dieses aber nicht, so verkauft gemeiniglich der Aufwärter diese Bedürfnisse, als Butter, Milch, Gemüse, u. s. w. Fleisch aber sucht man von den benachbarten Dörfern zu erhalten.

Die in oder nahe bey den Dörfern erbaueten Karavanserai's sind denen in den Städten ähnlich, nur dafs erstere meistens blofs aus einem Erdgeschofs bestehen, letztere aber noch mit einem Stockwerk übersetzt sind.

Das Gebäude ist meisten Theils viereckig, ohngefähr zwanzig Fufs hoch; die Zimmer sind alle in einer Reihe, sehr klein, und haben keine Fenster, indem das Licht durch die Thür hinein fällt.

Jedes Zimmer hat ein kleines Vorhaus mit einem kleinen Camin. Vor allen diesen Zimmern läuft ein Corridor hin; hinten sind die Ställe, an welche gröfsere Zimmer stofsen, wo die Knechte bey schlechter Witterung sich aufhalten, kochen und schlafen. In der Mitte des Hofes ist ein grofser Wasserbehälter.

In grofsen Städten, als in Ispahan und so weiter, giebt es zwey Arten Karavanserai's; die eine für Reisende und Pilgrime, in welchen nichts bezahlt wird; die andere für Kaufleute. Die letztern sind gemeiniglich schöner und bequemer, auch mit verschlossenen Thüren vor den Zimmern versehen. In diesen Häusern wird eine, obgleich sehr geringe Miethe bezahlt; überdiefs aber mufs auch für die Waaren, die man dahin bringt und daraus verkauft, eine Abgabe entrichtet werden.

Diese Art Karavanserai's gehört zum Theil dem Staate, zum Theil auch Privatpersonen, und jeder dieser Karavanserai's ist entweder für die Kaufleute einer Nation, oder auch für eine besondere Gattung von Waaren bestimmt.

Wenn man sieht, wie der Perser es sich als ein wohlthätiges und Gott wohlgefälliges Geschäft angelegen seyn läfst, für die Reisenden zu sorgen, so kann man sich der Frage nicht enthalten: Was thun die Europäer, um dem armen, ermüdeten, vielleicht erkrankten Reisenden die Beschwerlichkeiten, die ihn drücken, zu erleichtern?

Wir bestreben uns zwar für uns selbst alles Angenehme, alle Bequemlichkeiten in unsern Wohnungen zu vereinigen, kümmern uns aber nicht, ob indessen der Fremde einen bequemen Aufenthalt in unserer Mitte findet, oder ob er in einem schmutzigen Wirthshause der Habsucht eines schlecht denkenden Wirths ausgesetzt ist.

In den gröfsern Städten sind ansehnliche Hotels und Aubergen, wo selbst der Vornehmste und Reichste alle Bequemlichkeiten antrifft. Dagegen aber sind die Wirthshäuser in kleinen Städten und auf dem Lande desto schlechter, und der Reisende mufs oft viele Tage hinter einander manchen Mangel leiden, ehe er ein bequemes und reinliches Unterkommen findet.

Wollte ein Staat dafür Sorge tragen, dafs die Gasthöfe an der Landstrafse ein gefälliges Ansehen erhielten, dafs das Innere derselben reinlich
und bequem eingerichtet wäre, dafs es an den nöthigen Bedürfnissen nicht
mangelte, und dafs man diese für einen billigen Preis erhielte; so würde
dieses den Fremden bey dem ersten Eintritt in das Land eine vortheil-
hafte Meinung von der Regierung verschaffen, die Landschaft selbst durch
diese Gebäude eine Zierde erlangen, und der Reisende angezogen werden,
den Weg durch einen solchen Staat vorzüglich zu nehmen.

Der Ausführung einer solchen Einrichtung stehen freylich grofse
Schwierigkeiten entgegen; sie scheint aber darum nicht unmöglich zu seyn.

Der Fürst von Dessau ist in seinem Lande schon mit einem Beyspiele
voran gegangen, und man findet dort Wirthshäuser von eben so geschmack-
vollem und gefälligem Ansehen, als bequemer und reinlicher innerer Einrichtung.

Sollte es wohl unausführbar seyn, dafs ein Staat verschiedene Ent-
würfe zu gröfsern und kleinern Gasthöfen, deren Erbauung nicht zu viel
Kosten erforderte, und wo mit einem gefälligen Äufseren innere Bequemlichkeit verbunden wäre, fertigen liefse, die zweckmäfsig befundenen
Risse dann an diejenigen, die entweder mit Postmeisterstellen oder mit
Gasthofsgerechtigkeit versehen würden, gäbe, und sie zu der Erbauung
des Hauses nach diesen Rissen anwiese.

Auf diese Art würden nach und nach die Gebäude, und zwar mit
Rücksicht auf die Lage an einer Haupt- oder Nebenstrafse, errichtet.

Hierüber müfste aber auch den Inhabern derselben vorgeschrieben
werden, welche Geräthschaften und von was für Art sie zur Bequemlichkeit jedes Reisenden bereit zu halten verbunden seyen.

Ein Verzeichnifs dieser Geräthschaften, so wie der Preis der Wohnung und der verschiedenen Lebensmittel, wäre in jedem solchen Hause öffentlich anzuschlagen, damit der Reisende vor jeder unbilligen Forderung gesichert und unterrichtet würde, was er erwarten könne. Und dann hätte derjenige, dem die Oberaufsicht über die Polizeyanstalten in jedem Bezirke zusteht, auf die Erhaltung dieser Einrichtung zu sehen, und den Reisenden gegen alle Bedrückungen mit möglichster Beschleunigung zu schützen.

Dafs man hierbey auch, und zwar sorgfältig, auf die ärmere Klasse der Reisenden Bedacht zu nehmen hätte, setzt gewifs jeder Menschenfreund voraus.

Würden in diesem Lande nun noch auf den Strafsen in mäfsigen Entfernungen beschattete, auch gegen Regen und Stürme geschützte Ruheplätze angelegt, wo der ermüdete Fufsgänger sich erholen könnte — wie lebhaften Dank würde ein solches Land in dem Herzen des Fremden erregen! *)

Sollte aber auch alles dieses nichts als frommer Wunsch, als schmeichelhafter Traum seyn und bleiben: so wird doch jeder billig Denkende einer so gut gemeinten Idee Nachsicht schenken.

---

*) Man findet in Böhmen eine sehr einfache, und nichts weniger als kostbare Einrichtung, die gewifs für jeden Reisenden, auch für Fufsgänger und Boten, sehr nützlich und bequem ist. — Es ist nämlich in jedem Dorfe eine hölzerne Säule errichtet, an welcher der Name des Dorfes, sowohl in Deutscher als in Böhmischer Sprache angeschrieben stehet.

Wären dergleichen Säulen in der Nähe der Dörfer gesetzt, und zugleich zu Meilen- und Wegezeigern eingerichtet, so würde diese Einrichtung noch wohlthätiger für den Reisenden seyn, und ihn vor manchem Um- und Irrweg schützen.

Der Einwurf, dafs man dadurch in Kriegszeiten dem Feinde die Mittel erleichterte, Kenntnifs vom Lande zu erhalten, läfst sich dadurch leicht heben, dafs diese Säulen bey einem ausbrechenden Kriege sehr leicht an einem Tage im ganzen Lande zerstört werden können, deren Herstellung im Frieden auch keinen grofsen Aufwand verursacht.

Und so gehe ich denn davon zu der Beschreibung des im Neu-Persischen Geschmack entworfenen Blattes über.

Die Idee zu dieser Zeichnung, ist von den Sälen entlehnt, welche sich in dem Garten des königlichen Pallasts befinden, und zur Aufbewahrung des Weins gebraucht werden.

Diese Säle sehen einander fast alle ähnlich, sind 42 bis 48 Fufs hoch, und stehen in der Mitte des königlichen Gartens. Der Eingang ist enge und durch eine kleine Mauer, um das Hereinsehen von aufsen zu verhindern, verborgen. Sie sind theils mit Jaspis und Marmor ausgetäfelt, theils finden sich darin eine Menge Vertiefungen von vielfach veränderter Gestalt, welche mit Gefäfsen von eben so sehr veränderten Formen angefüllt sind. Diese Gefäfse sind theils von Cryslall, Carneol, Achat, Onyx, Jaspis, Bernstein, Corallen, und scheinen gleichsam in der Mauer incrustirt, oder gar eingemauert zu seyn.

Der Fufsboden ist gemeiniglich mit einem schönen Fufsteppich belegt; hin und wieder sind auch an den Wänden goldne Verzierungen, auf lichtblauem Grund, und Denksprüche angebracht.

In der Mitte der Zeichnung erblickt man eine Persische Garten-Partie.

Die öffentlichen Gärten der Perser sind nicht so, wie bey uns, Versammlungsorte, wo man seine Bekannten aufsuchen, kleine Geschäfte abthun und Neuigkeiten hören oder mittheilen kann, mit Einem Wort, wo man nebst den Annehmlichkeiten der freyen Luft zugleich die

Freuden des geselligen Lebens geniefset. Dieses wäre auch nicht wohl möglich, da nach den Sitten und Gebräuchen der Morgenländer die schönste Zierde des geselligen Lebens, das weibliche Geschlecht, aus der Gesellschaft verbannet ist.

Übrigens halten die Perser in ihren Gärten viel auf Springwasser, Alleen, Blumen und Terrassen. Finden sich in den Gärten etwa Teiche, so legen sie in der Mitte Inseln an, welche ohngefähr nur 6 Zoll über das Wasser vorragen, und oft mit einem vergoldeten Geländer umgeben werden. Auf dem Wasser bedienen sie sich reich verzierter Gondeln.

Die grofse Allee in den Vorstädten von Ispahan ist 5200 Schritte lang, und 110 breit; in der Mitte ist ein Canal mit Wasser. Diese und andere Alleen führen zu schönen Gärten, Pavillons, und, im Ganzen genommen, herrschet in den Persischen Gärten viele Regelmäfsigkeit; daher sie viel Ähnlichkeit mit den Gärten im Französischen Geschmack haben. Es ist sogar unentschieden, ob nicht, so wie die Engländer in ihren Gärten den Gartengeschmack der Chineser nachahmen, der Geschmack der Perser die erste Veranlassung zu den Gärten in so genannter Französischer Manier gegeben habe.

Die Werke, welche Nachrichten von dem Geschmack der Perser in neuern Zeiten enthalten, sind:

1) *Journal du Voyage de Chevalier Chardin en Perse et aux Indes orientales. Amst. Vol. 12. 1711. ibid. Vol. 4. 1735. c. F.*

2) *Le Brun Voyages par la Moscovie, en Perse, et aux Indes orientales. Amsterd. II Vol.* 1718. *c. F.*

3) Niebuhr Beschreibung seiner Reise nach Arabien, und andern umliegenden Ländern. Kopenhagen, II Vol. 1774 — 1778. *c. F.*

Englischer Geschmack.

Der ernste Engländer liebt das Einfache, aber verbunden mit Würde. Seine Werke sind ohne bedeutungslose Verzierung, verkündigen aber Festigkeit und Dauer; kein Theil ist überflüssig, so wie kein Stück fehlt, das zum Ganzen erforderlich ist.

Engl. G.

Dieser Charakter von edler und doch gefälliger Simplicität scheinet herrschend bey den Engländern zu seyn; doch bemerkt man ihn hauptsächlich in den Anlagen und Verzierungen ihrer Landhäuser, auf die sie mehr Kosten als auf ihre Wohnungen in der Stadt wenden.

Ihr Geschmack hierin ist der Natur und dem Charakter des denkenden und gefühlvollen Mannes so ganz angemessen, daß die Betrachtung des Englischen Geschmacks von selbst auf die Betrachtung: wie sind Landhäuser anzulegen? hinführet.

Nichts scheint wohl der ursprünglichen Bestimmung des physischen Menschen weniger gemäß, als wenn er in großen Haufen, gleich einer Herde, zusammen gedrängt, sich nur in einem engen Raume umher treiben, und den größten Theil seines Lebens hindurch der freyen Luft, dieses für den Menschen nothwendigsten Erhaltungsmittels, und aller übrigen Schönheiten der Natur entbehren soll.

Gleichwohl ist dieses das Schicksal derer, die ihren Aufenthalt in den Städten nehmen müssen. Sie gleichen aber auch schon im Äußern den Pflanzen, welche zu nahe zusammen gesetzt worden, einander die Säfte, die sie aus der Luft und der Erde zu ihrer Erhaltung ziehen sollten, rauben, und nie die Vollkommenheit und das frische Ansehen frey stehender Gewächse erlangen. Gewiß, je mehr wir uns von den ursprünglichen, einfachen Schönheiten der Natur entfernen, für welche wir eigentlich bestimmt zu seyn scheinen, je mehr werden wir dafür bestraft. —

Man kann auch wohl sicher annehmen, daß den meisten Menschen das Verlangen, die Annehmlichkeiten, die der ländliche Aufenthalt gewähret, zu genießen, angeboren und eine der stärksten Neigungen ist, wie die Beyspiele zeigen. Der Fürst und sein Diener, der Staatsmann, der Gelehrte, und fast jeder noch so betriebsame Bürger suchen mehr oder weniger Zeit in der Stille des Landlebens zuzubringen, Ruhe, Heiterkeit und neue Kräfte in dem grofsen Tempel der Natur zu finden. Und in dem höhern Alter scheinen heitere und sanfte Stunden, im Genufs der Naturschönheiten verlebt, vorzüglich geschickt, uns zu einem sanften Übergange in die höhern Vollkommenheiten, zu welchen wir bestimmt sind, vorzubereiten.

Zu allen Zeiten hat daher der cultivirte Mensch darnach gestrebt, sich einen angenehmen Aufenthalt auf dem Lande zu verschaffen; und schon bey den Griechen und Römern war der Geschmack am Landleben und an schönen Landhäusern bis zur Leidenschaft gestiegen.

Diejenigen unter den Griechen, welche die ersten Geschäfte des Staats besorgten, begnügten sich in der Stadt mit ganz einfachen Wohnungen, und legten dagegen kostbare Landhäuser an.

Cicero, den man unter die berühmtesten und angesehensten, aber keinesweges unter die reichsten Männer Roms rechnen kann, besafs neunzehn Landhäuser; und wer sich eine genaue Vorstellung von der Anlage und Einrichtung eines Römischen Landhauses machen will, lese die beyden Briefe des jüngern Plinius, in welchen er seine Landhäuser ausführlich beschreibt.

Auch wir freuen uns, gleich den Alten, der Schönheiten der Natur, wünschen sie zu geniefsen, die Annehmlichkeiten, welche unser ländlicher Aufenthalt hat, zu benutzen, diejenigen, die ihm mangeln, zu ergänzen — das heifst, unsern Aufenthalt angenehm einzurichten und zu verschönern.

Welche Grundsätze, welche Regeln sind aber bey der Anlegung und der äufsern Verzierung eines Landhauses zu befolgen? — Hier sind einige Gedanken über diesen Gegenstand — die an sich noch nicht Regel seyn sollen, und, wenn sie diefs auch seyn könnten, doch jeder Ausnahme, die durch besondere Umstände bey dergleichen Anlagen verursacht werden, unterworfen seyn würden.

Gesundheit, Bequemlichkeit, und möglichst voller Genuß der Schönheiten der Natur — diefs sind wohl die drey Gegenstände, auf welche bey der Wahl der Lage, und bey der Einrichtung eines Landhauses hauptsächlich zu sehen ist.

Eine gesunde und angenehme Lage ist ohne Zweifel das erste Erfordernifs eines angenehmen ländlichen Aufenthalts.

Eine allzu flache und grofse Ebene hat weder Mannigfaltigkeit noch weite Aussicht; eine schattige, tiefe, mit Teichen oder Sümpfen umgebene Gegend, ein feuchter Boden, sind der Gesundheit nachtheilig, und geniefsen selten einer reinen heitern Luft, eines klaren Himmels; ein hoher Berg gab ehedem Schutz gegen Überfälle, und, da wir diese nicht mehr zu befürchten haben, gewährt er noch immer dem Bewohner eines darauf erbauten Hauses eine weite Aussicht, und dem Reisenden auch in der Ferne den angenehmen Anblick eines schön gelegenen Landhauses; allein diese Vortheile werden durch die bey jeder Ankunft zu übernehmende lästige Ersteigung des Berges, die selbst im Fahren nicht ohne Beschwerde oder lange Weile ist, sehr theuer erkauft.

Eine sanft sich erhebende, von immer gereinigter Luft umgebene Anhöhe, welche ohne grofse Mühe zu erreichen ist, und doch die Übersicht der umliegenden Gegend verschafft, — diese scheint die gesündeste und angenehmste Lage für ein Landhaus zu seyn; und das Angenehme dieser Lage würde sich merklich vermehren, wenn ein schiffbarer Flufs die Landschaft belebt.

Einzelne hohe Bäume und andere unbedeutende Gegenstände, wenn sie die Aussicht nach interessanten Gegenden hindern, kann man wegbringen; indessen wird irgend eine Gruppe von hohen Bäumen in der Nähe zu erhalten seyn, da sie nicht nur Schatten, sondern auch, nach der Meinung mehrerer Physiker, als natürliche Ableiter, einige Sicherheit gegen Gewitter gewähren.

Ein vorzügliches Augenmerk ist sodann auch darauf zu richten, dafs nicht allein gesundes Trinkwasser, sondern überhaupt hinreichendes Wasser zu häuslichen Bedürfnissen und zum Löschen bey entstehendem Feuer in der Nähe des Hauses zu haben sey.

Die zu diesem Landhause führenden Wege müssen bequem und gut seyn, und können mit Italiänischen Pappeln, oder einer andern Gattung schöner Bäume besetzt werden.

Die Ställe und übrigen Wirthschafts-Gebäude dürfen den Charakter der Reinlichkeit und einfachen Eleganz nicht stören, auch die Aussicht nicht verderben. —

Das Haus selbst würde ich, als Deutscher, nicht durchaus in Italiänischem Geschmack erbauen.

So bald eine Nation ein grofses öffentliches Gebäude als ein Denkmahl, das ihren Geschmack noch nach Jahrhunderten zeigen wird, aufführen lassen will, so wähle man dazu jenen Geschmack, und unterwerfe sich allen den strengen Regeln, die Vitruv und andere grofse Italiänische Architekten gegeben haben.

Wenn es aber darauf ankommt, für Deutsche eine bequeme, angenehme und dauerhafte Wohnung zu erbauen, dann scheint die Italiänische Architektur nicht ganz die anwendbarste zu seyn. Die erste Ursache ist, dafs der Italiäner und der Deutsche bey Aufführung ihrer Gebäude auf ganz verschiedene und einander entgegen gesetzte Zwecke Rücksicht nehmen müssen. Der erste hat alle mögliche Mühe anzuwenden, sich vor der Sonnenhitze und erstickenden Wärme zu schützen, und nimmt wenig Bedacht auf die rauhe Witterung des Winters. Er macht daher die

Schäfte bey der äufsern Façade aufserordentlich breit, die Stuben grofs und hoch, die Dächer sehr niedrig, und vernachlässigt die Einheitzungen. Der Deutsche mufs im Gegentheil vorzüglich Sorge tragen, sich gegen die Kälte und die Unbequemlichkeiten des Winters zu schützen. Er darf also nicht zu viel oder zu breite Schäfte machen, sondern viel Fenster, durch welche die Sonnenwärme eindringen kann, keine allzu grofsen und allzu hohen Stuben, welche sich zu schwer erwärmen, und keine flachen Dächer, auf welchen der Schnee liegen bleiben würde.

Diefs sind Hauptregeln, von welchen wir nicht abgehen dürfen, und die doch mit dem Geschmacke der Italiäner in der Architektur sich gar nicht leicht vereinbaren. Weit vortheilhafter ist in Absicht auf das Äufsere die Bauart der E n g l ä n d e r bey ihren Landhäusern zu benutzen.

So eifrig die Engländer die schönen Kunstwerke der Italiäner studieren, so willig sie die gröfsten Kosten aufwenden, um die erlangten Kunstkenntnisse bey der Anlegung und Verzierung ihrer Landhäuser anzuwenden, und obgleich ein grofser Theil dieser Landhäuser im Italiänischen Geschmack erbauet ist: so haben doch viele von ihnen ihre Façaden nach ihrem Himmelsstriche eingerichtet und da das Deutsche Clima dem Englischen näher kommt, als dem Italiänischen, so glaube ich, dafs wir besser thun, wenn wir die Englischen, als die Italiänischen Façaden nachahmen.

Eine gute Anleitung kann dabey folgendes Werk geben:

The Seats of the Nobility and Gentry, in a Collection of the most interesting and Picturesque Views, engraved W. Watts. With descriptions of each View. 1779.

Was die innere Eintheilung der Zimmer und die täglichen häuslichen Bequemlichkeiten anlanget, kann man nicht in Abrede seyn, dafs hierin die Französischen Architekten, als z. B. B l o n d e l, B r i s s e u x und

andere, den Italiänern vorzuziehen sind. Allein welchen Geschmack man
auch befolget, so verursacht doch die Bestimmung eines Landhauses eine
grofse Verschiedenheit in der Anlage und Einrichtung des Ganzen, oder
in dem Charakter des Gebäudes. Das Lustschlofs eines Fürsten zeichnet
sich durch stille Gröfse und Würde, ohne Glanz, von dem Landhause
eines Privatmannes aus, *) so wie das Landhaus eines durch Geburt oder
durch sein Amt vor andern ausgezeichneten Mannes sich von der ländlichen Wohnung des still und unbemerkt lebenden Privatmannes unter-
scheidet.

So verschieden aber auch Stand und Vermögen des Eigenthümers
seyn mögen, so setzt doch der Besitz eines Landhauses immer einen
Mann voraus, dessen Lage ihm verstattet, Umgang mit Männern aus
mehr als Einem Stande zu haben, und die durch die Wissenschaften und
Künste erhöhten Freuden des häuslichen Glücks in der Geselligkeit zu
geniefsen.

Und eines solchen Mannes Landhaus wird, wie ich glaube, in einem
edeln, aber anspruchlosen und gefälligen Styl erbauet, und bequem eingerichtet werden müssen.

Also keine Pracht, — keine Prätension.

---

*) Auch das Lustschlofs eines Fürsten mufs von dem Pallaste, den er in der Residenz
bewohnet, verschieden seyn. Wenn letzterer Ehrfurcht und Bewunderung erwecken soll, so
ist diefs nicht der Zweck des erstern. Hier nähert sich der Fürst der Lebensart des Privatmannes, entsagt dem Glanze des Hofes, überläfst sich der häuslichen Glückseligkeit, den
Gefühlen der Zärtlichkeit und Freundschaft, erholt sich in der Einsamkeit, geniefst die
Schönheiten der Natur, empfindet das Glück, das aus ihnen zu schöpfen ist, und das er als
Beherrscher eines Staats, in der Mitte seines Hofes, fast immer entbehren mufs.

In dem Landhause eines Fürsten darf daher keine Pracht, sondern nur der Charakter
einer ruhigen Gröfse sichtbar seyn.

Während des Winteraufenthalts in der Stadt sieht man Vergoldungen und kostbare Meublements bis zum Überdruls. Überdiels widerspricht aller Schimmer und Prunk dem Tone der Natur, dem wir uns auf dem Lande nähern. Die Natur ist in allen ihren Unternehmungen bescheiden, ihre Schönheiten sind grofsentheils ohne blendenden Glanz. Bey einem unermefslichen Reichthume zeigt sich immer eine — an Gröfse und Weisheit unnachahmliche — Einheit; und so viel Geld wir auch auf kostbare Meubles verwenden mögen, so wird doch aller dieser Aufwand bey dem ersten Schritte, den wir aus dem herrlichsten Prunkzimmer in das Freye thun, durch die Schönheiten der Natur verdunkelt werden.

Die Natur sey daher, wenn wir uns in ihren grofsen Tempel begeben, die Stadt verlassen, unsre Lehrerin bey der Anlage unsrer Wohnungen. —

Ein längliches Viereck, das wenigstens dreymal mehr Breite als Tiefe hat, scheint in Absicht auf das angenehme Verhältnifs die beste Form, und wegen der bequemen Eintheilung der runden vorzuziehen.

In der Mitte wird ein durch eine Kuppel von oben her erleuchteter Saal der Vereinigungspunkt für die Gesellschaft. Die Kuppel selbst giebt dem Gebäude ein edles und zugleich schönes Ansehen, unterbricht das Einförmige der geraden Linie, und die Erleuchtung eines Saals von oben her giebt das vortheilhafteste Licht.

Wenn das Gebäude für einen unverheiratheten, oder doch mit keiner zahlreichen Familie versehenen Mann bestimmt ist, so kann es blofs aus einem Erdgeschofs, das mit einem Halbgeschofs übersetzt ist, bestehen.

Die Küche, Vorraths- und andere dergleichen Behältnisse werden in Souterrains angebracht, und die Treppen, die blofs in ein Halbgeschofs und in die Souterrains führen, mit möglicher Ersparung des Raums angelegt.

Zur äufsern anständigen Verzierung des Hauses dient in der Mitte ein nicht zu prächtiger, aber in edelm Styl geführter Porticus. Die Ionische Ordnung scheint hierbey vor der Toscanischen und Dorischen den Vorzug zu verdienen. Die letztern sind zu schwer und einfach, und können wohl bey Gebäuden, die ausgezeichnete Festigkeit erfordern, angebracht werden, aber bey einem Landhause haben sie zu wenig Gefälliges. Überhaupt verursachen bey der Dorischen Ordnung die Triglyphen immer Schwierigkeiten. Die Korinthische und Römische Ordnung sind zu sehr verziert, und bleiben billig Kirchen und fürstlichen Schlössern vorbehalten. Die Ionische Ordnung hat dagegen etwas edles und bescheidenes, welches einem Landhause angemessen scheinet; wie denn auch das Ionische Gebälke, wegen der Mannigfaltigkeit von Schatten, welche durch die Zahnschnitte in selbigem entstehet, eine angenehme Wirkung für das Auge macht.

Um aber auch den Zweck und die Absicht des Eigenthümers in den übrigen äufsern Verzierungen anzuzeigen, können in dem Fronton eines der Gastfreundschaft gewidmeten Landsitzes eine sich darauf beziehende Geschichte, z. B. Philemon und Baucis, so wie auf der Spitze des Frontons und neben demselben die Bildsäulen des Äskulaps, des Freundes der Gesundheit, die hier im Schoofse der Natur gesucht wird, der Pomona, die uns mit gesunden und erquickenden Früchten beschenkt, und Apolls, der unsern Geist erheitert, angebracht werden. Bacchus, die Göttin der Liebe und ihr Sohn, die Göttin der Weisheit und Ceres können vielleicht im Hause selbst noch Plätze finden. Allein Jupiter erinnert, bey aller seiner Würde, an zu viel Ausschweifungen; Juno zeigt nichts als Stolz; Dianens Beschäftigung entspricht nicht dem sanften Charakter eines Frauenzimmers; Mars ist dem Friede-liebenden Landbewohner furchtbar, — und die Bildsäulen dieser Gottheiten scheinen daher für ein solches Landhaus nicht passend zu seyn.

Mehr und andere äufsere Verzierungen sind nur sparsam anzubringen; sie tragen nichts zur Schönheit der Façade bey, und ziehen die Aufmerksamkeit vom Ganzen und dem Porticus ab. Jedoch erhalten die Fenster einfache und geradlinige Verdachungen. Das Dach wird nicht zu hoch, um ein richtiges Verhältnifs gegen das Haus zu beobachten. Freylich können in Deutschland keine Italiänische flache Dächer gebraucht werden; allein viele Deutsche Architekten übertreiben ihre Neigung für die hohen Dächer, woran vielleicht der Eigennutz des Zimmermanns mit Theil nimmt.

Dieses Haus wird gerade nur so viel Raum, als der Eigenthümer für sich und die Seinigen braucht, in sich fassen, keine so genannte Gaststuben enthalten, und daher das Innere der äufserlich angekündigten Gastfreundschaft nicht zu entsprechen scheinen.

Allein meiner Meinung nach kann für besuchende Freunde ein Aufenthalt zubereitet werden, wo beyde das Vergnügen des Umganges geniefsen können, ohne das Ängstliche und die Störungen zu empfinden, die von dem Zusammenwohnen mit fremden Personen fast unzertrennlich sind. Zwey, vier, vielleicht mehr, nur aus einem Erdgeschofs bestehende Häuser von einigen Zimmern, in der Nähe des Hauptgebäudes, jedes mit einem kleinen Gärtchen umgeben, scheinen mir zu diesem Endzwecke vortheilhafter, als eigne für Fremde bestimmte Zimmer im Wohnhause.

Will ein Freund einige Zeit bey dem Besitzer auf dem Lande zubringen, so bewohnet er eines dieser Häuser, mit der Überzeugung, dafs er und seine Bedienung dem Wirthe in seiner gewöhnlichen Einrichtung keine Störung verursacht. Er richtet seine Lebensweise ganz nach seinem Gefallen ein, speiset bey seinem Wirthe, oder siehet diesen bey sich; sie besuchen einander, gehen für sich allein oder zusammen spazieren, und genießen die Vergnügungen des Landlebens, ohne sich dem Zwange, der mit einem steten Zusammenseyn verbunden ist, unterworfen zu sehen.

Außer diesen kleinen Wohngebäuden wird noch ein Pavillon angelegt, der der freundschaftlichen Colonie zum Vereinigungspunkte dienet, wo sich eine Auswahl interessanter Schriften und Landcharten befindet, und wo zugleich eine solche Einrichtung getroffen ist, daß die Gäste in Abwesenheit des Eigenthümers, oder wenn sie für sich speisen wollen, ihre Mittags- und Abendmahlzeit nach ihrem Gefallen daselbst veranstalten lassen können.

Eine solche Anlage setzt den Gutsbesitzer außer der Bequemlichkeit, mit welcher er seine Freunde sehen kann, noch in den Stand, irgend einer nicht bemittelten Familie einen Aufenthalt zu verschaffen, ohne selbst durch sie belästiget zu werden, oder ihr durch seine nahe Gegenwart Verlegenheit zu verursachen. Und überdieß dürfte sie bey einem Verkaufe des Gutes nicht nachtheilig seyn, weil der neue Besitzer vielleicht kein allzu großes Wohnhaus wünscht, und, im Fall er keine Gesellschaft sehen will, auch keine Gaststuben brauchen würde, dagegen aber aus der Vermiethung der Nebengebäude noch Nutzen ziehen kann.

Über die innere Eintheilung der Zimmer und deren Meublirung schweige ich hier, und wiederhole nur, daß in Ansehung der erstern die Franzosen uns sehr gute Anleitung gegeben haben, da hingegen bey dem Meublement der Englische, der Natur näher kommende Geschmack, zu befolgen, und auf Würde, Reinlichkeit und Eleganz, mit Vermeidung alles Schimmernden, zu sehen seyn wird.

Und diesen Englischen Geschmack sowohl im Äußern als Innern des Hauses habe ich in den zwey hierher gehörigen Blättern darzustellen gesucht.

Auf

Tafel I.

siehet man ein in Englischer gefälliger Simplicität verziertes Zimmer. Die braune Farbe zeigt Felder von Mahagony - Holz an, in welchen blau und weifse Medaillons aus W e d g w o o d s Fabrik angebracht sind. Die Leisten, so wie die Verzierungen um die Medaillons, sind von Englischem geprefs- tem Messingblech. Die lichtgelbe Farbe stellet *Evonymus - Europaeus* - Holz vor. Die Gemählde zeigen zwey Englische Landhäuser, und sind aus dem oben angezogenem Werke:

The Seats of the Nobility and Gentry etc.

Das erste Landhaus ist

Chiswick House, in Middlesex, the seat of the Duke of Devonshire. *)

Diese Villa von vorzüglicher Schönheit liegt an den Ufern der Themse, ungefähr sechs Englische Meilen südwestwärts von London. Sie wurde von dem verstorbenen Grafen von Burlington angelegt, und keine andere im ganzen Königreich übertrifft sie an Gröfse und Eleganz.

Man hat zwar bemerkt, dafs das Wohnhaus, dessen Umfang mit Ausschlufs des Säulenganges nur 70 Fufs ins Gevierte beträgt, im Ver- hältnisse zu dem meisterhaften Plane des Ganzen zu klein sey; allein ungeachtet es in dieser Rücksicht nicht zu den vorzüglichsten gehöret, so giebt es doch durch Schönheit der Verhältnisse und Reichthum in den

---

*) Die Beschreibungen dieser Landhäuser sind aus dem angeführten Englischen Werke genommen.

Verzierungen einen prachtvollen Anblick, und ist ein entscheidender
Beweis von den ausgezeichneten Talenten und dem feinen Geschmacke
des Erbauers. Die Gärten sind in gröfster Mannigfaltigkeit mit Tempeln, Obe-
lisken, Statuen und dergleichen ausgeschmückt, und in ihrer Anlage
herrscht der vollkommenste Styl. Der Ausgang aus der Gartenseite des
Hauses führt auf einen weiten Rasenplatz, der mit Cypressen und Nadel-
holz in Reihen bepflanzt ist. Zwischen den Bäumen stehen grofse steinerne
Vasen, und am Ende des Platzes auf Fufsgestellen Löwen und andere
Thiere, die von Schremacker sehr gut gearbeitet sind. Die Aussicht
schliefst sich durch drey schöne antike Statuen. Ein dichtes Gebüsch von
immer grünenden Hölzern giebt ihnen einen vortheilhaften Hintergrund.

Von der Westseite des Hauses steigt man einen sanften Abhang hinab
zu einem schlängelnden Bache. Die Grotte und der Wasserfall machen
hier eine sehr mahlerische Wirkung. Über den Bach führt eine sehr
geschmackvolle steinerne Brücke, die mit Statuen und dergleichen verziert
ist, und an beyden grünenden Ufern des Baches winden sich ihm durch
alle seine Krümmungen zwey Fufssteige nach, die in beständiger Abwech-
selung durch liebliche und romantische Aussichten überraschen.

Die ausgegrabene Erde aus dem Bette dieses Baches wurde vom Lord
Burlington zu einer Terrasse benutzt, von der sich ein reitzender Prospect
über die Themse und die ganze umliegende Gegend öffnet.

Es ist gewissermafsen bemerkenswerth, dafs niemanden erlaubt ist,
diesen Landsitz zu besehen, der nicht ein Billet dazu erlangt hat, eine
Ceremonie, die in England sonst nirgends gebräuchlich ist; und dann,
dafs man durchaus nichts abzeichnen darf.

Der Englische Verfasser dieser Beschreibung, dem diese besondere
Einrichtung unbekannt war, erfuhr eine sehr unangenehme Begegnung,

da er einige Skizzen von dem Gebäude entworfen hatte. Ein solches Verbot ist um desto auffallender, da die Plane und Aufrisse des Hauses schon seit mehrern Jahren bey Kent zu haben sind.

Das zweyte ist:

Das Landhaus der *Mistrefs Garrick* zu *Hampton* in *Middlesex.*

Eine reitzende Villa an den Ufern der Themse, dreyzehn Englische Meilen westwärts von London.

Der berühmte Garrick kaufte das Grundstück, das damals, seine Lage ausgenommen, wenig vorzügliches hatte. In kurzer Zeit bekam aber alles ein ganz verändertes Ansehen. Unter der Aufsicht Robert Adams wurde dem Hause eine neue Fronte gegeben, und die Gärten nach dem gegenwärtigen geschmackvollen Plane angelegt. Im Innern des Hauses herrscht eben diese Eleganz, und es enthält einige schätzbare Gemählde, besonders einige Originale von Hogarth.

Die Gärten, ob sie gleich nicht über sechs *Acres* (der *Acre* zu 4840 Quadrat-Ellen) betragen, scheinen durch ihre Mannigfaltigkeit und sinnreiche Anordnung von weit gröfserm Umfange zu seyn.

Am nördlichen Ende ist eine Anhöhe, von welcher sich eine weite Aussicht in die Grafschaft Surry öffnet. Indem man allmählich hinab steigt, zeigt sich die Themse und Moulseyhurst in einem schönen Prospect, durch die Wölbung eines Bogens, über welchen die Landstrafse gehet.

Am westlichen Ende der Terrasse und am Ufer des Flusses hat Garrick einen Tempel von edler Form erbauet, und seinem Liebling Shakspeare gewidmet. Die Statue des Dichters von weifsem Marmor, eine vorzügliche Arbeit Roubillacs steht auf einem Fufsgestelle, dem Eingange gegen über.

Auf

Tafel II.

befindet sich

A. ein Tisch,

B. ein Canapee, und

C. ein Stuhl,

alle in einfachem edlem Geschmacke, wobey noch folgendes anzumerken ist.

Das Gestelle sowohl zu dem Tisch, als Canapee und Stuhl, ist von Mahagonyholz, welches zu allen Meubles im Englischen Geschmack das vorzüglichste bleibt. In dessen Ermangelung, oder wenn man an den Kosten ersparen will, kann man sich auch des wilden Birnbaumholzes bedienen. Das Canapee, so wie der Stuhl, sind mit schwarzem Englischem Pferdehaarzeug überzogen. Dieser Zeug wird nach Englischem Geschmack bey Meubles häufig gebraucht. Allein die schwarze Farbe gibt den Meubles einen Charakter von Ernsthaftigkeit, welcher zwar für das Wohnzimmer des Herrn vom Hause passend, aber in Zimmern, welche für Damen oder zu geselligen häuslichen Freuden bestimmt sind, zu wenig munter und aufheiternd ist.

Aus dieser Ursache scheinet für dergleichen Zimmer Englischer schön gemusterter bunter Cattun, oder der noch nutzbarere Sommermanchester den Vorzug vor dem Englischen Haarzeuge zu verdienen. Überzüge zu Stühlen von seidenen Zeugen gehören mehr in Prunk- und Staatszimmer, als in Zimmer, welche in simplem Englischem Geschmack meublirt werden sollen.

Die Werke, welche von der Englischen Architektur und dem Englischen Geschmack in Ansehung der innern Verzierung der Zimmer umständlichen Unterricht geben, sind, aufser den Werken eines Adams und Robertsons, folgende:

1) *Vitruvius Britannicus, or the British Architect, by Colen Camp-bell. Lond.*

2) *Ware a complete Body of Architecture.*

3) *Wotton's Elements of Architecture.*

4) *The Seats of the Nobility and Gentry etc.*

Schwindt sc.   Seyffert fe.

Französischer grotesker Geschmack.

Als verschiedene Künstler, unter welche man vorzüglich bey den Franzosen einen Boffrand, Blondel, Briseux, d'Aviler, Openort und so weiter rechnen kann, die von Raphael und andern Meistern vortheilhaft benutzten Arabesken der Alten durch vermehrte Verzierungen und Schnörkel zu verschönern unternahmen, so entstand dadurch eine verdorbene Manier, welche unter dem Namen des Französischen grotesken Geschmacks bekannt ward.

So verdorben aber auch selbiger war, erhielt er sich dennoch eine geraume Zeit bey uns in Deutschland ununterbrochen; und noch vor ohngefähr 50 Jahren wurden die Zimmer meistens in diesem Geschmack ausgeziert, auch eine grofse Anzahl Palläste und Gartenhäuser waren im Blondelschen Geschmack erbauet.

Nicht als der Nachahmung würdig, sondern weil er so lange Zeit herrschend war, verdienet dieser Geschmack in einer Sammlung, wie die gegenwärtige ist, aufgenommen und dargestellt zu werden.

Wenn man das Unnatürliche und Übertriebene, das in den in diesem Geschmack angelegten Werken überall auffällt, ernstlich betrachtet, so kann man nicht umhin, zu fragen: Wie konnte dieser Geschmack so lange, besonders bey den ernsthaften Deutschen, sich erhalten?

Und die Beantwortung dieser Frage führt dann auf eine zweyte: Warum haben die Deutschen noch keinen eigenthümlichen Geschmack in ihren Kunstwerken?

Vielleicht kann ein kleiner Versuch über diese Fragen Deutschen Künstlern nützlich werden, und die Leere einigermafsen ausfüllen, die in einer blofsen Beschreibung der dem Französischen Geschmacke gewidmeten Blätter unvermeidlich seyn würde.

Als im vierzehnten Jahrhunderte der gute Geschmack in der Baukunst in Italien wieder erwachte, und besonders im funfzehnten Jahrhunderte durch das Studium der Überreste der Alten auf gewisse Regeln zurück geführt wurde, bauete man zwar in den übrigen Ländern Europens immer noch im Gothischen Styl; es verbreitete sich jedoch schon in der Mitte des folgenden Jahrhunderts die gute Baukunst auch in Frankreich und Spanien.

Franz I. nahm den berühmten Italiänischen Baumeister Serlio in seine Dienste; und da dieser sich nach den Mustern der Alten gebildet hatte, verpflanzte er den bessern Geschmack nach Frankreich, wo nachher Perrault und Desgodez denselben immer mehr ausbildeten.

Philipp II. in Spanien liefs das Escurial erbauen, und auch in England führte man die antike Baukunst ein. —

In Deutschland hatte immittelst die Kunst noch immer abwechselnde Schicksale. Man folgte bald Italiänischen bald Französischen Mustern, je nachdem der Geschmack des Grofsen, für den der Künstler arbeitete, beschaffen war. —

Endlich aber wirkte die glänzende und prachtvolle Regierung Ludwigs XIV., unter welcher Gelehrte und Künstler aller Art Gelegenheit sich auszuzeichnen fanden, auch auf den Zustand der Künste und des Geschmacks aufserhalb Frankreichs: dieses Land gab fast in allem, was auf Wissenschaften, Künste und Geschmack sich bezog, in Europa den Ton an, und die meisten Völker glaubten einen falschen Weg einzuschlagen, wenn sie nicht die Franzosen in Künsten und in Wissenschaften, die sich auf guten Geschmack bezogen, nachahmten.

Dieses Vorurtheil herrschte auch in Deutschland; und so wie durch politische Verhältnisse Frankreichs Geist und Geschmack sich immer mehr verbreitete, so unterwarf sich der Deutsche immer geduldiger dem Joche, das ihm der Französische Künstler auflegte, ohne den Muth zu haben, sich von diesen Fesseln zu befreyen, den Werth der Französischen Muster zu prüfen, aus sich selbst zu schöpfen, und Deutschen Werken ein eignes Gepräge zu geben.

Allein wie konnte der Deutsche, dem selbst die anspruchvollsten Nationen den nachdenkenden Geist nicht absprechen, der so viele Künstler seines Volks zählt, bis hieher ohne eignen festen Geschmack bleiben?

immer nur zwischen der Wahl ausländischer Muster, denen er folgen will, schwanken?

Allerdings haben die physische Lage und das Clima eines Landes, seine Vorzüge und seine Bedürfnisse, so wie die Sitten, die Gebräuche, und die Religion der Einwohner einen wichtigen Einfluſs auf den Zustand der bildenden Künste.

Allein, auch ohne in eine weitläuftige Betrachtung dieser Umstände in Hinsicht auf Deutschland und ihre Wirkungen auf den Geschmack der Deutschen einzugehen, kann man vielleicht als eine der ersten Ursachen, warum die Deutschen noch keinen bestimmten Charakter in den bildenden Künsten angenommen haben, die allzu groſse B e s c h e i d e n h e i t angeben, die den Deutschen, im Ganzen genommen, vor vielen andern auszeichnet. So schön diese Eigenschaft in mancher Hinsicht seyn mag, wird sie doch leicht zur Schwachheit, und hat die nachtheiligsten Folgen, wenn sie aus einem zu groſsen Miſstrauen in unsere eignen Kräfte entspringt.

Und dieses scheint der Fall bey dem Deutschen zu seyn, der zwar nie in der drohenden Gefahr, sehr oft aber, wenn es auf Unternehmungen in den Werken der Kunst ankommt, sich selbst weit weniger, als dem kecken Ausländer zutrauet.

Dieses Miſstrauen in die eignen Kräfte bringt nun eine Schüchternheit in alle Unternehmungen; man glaubt am sichersten zu gehen, wenn man, statt seinem eignen Gefühl Gehör zu geben, die Werke anderer, die — verdient oder unverdient — Ruhm erlangt haben, nachahmet.

Sehr bald gewöhnt man sich an diesen Geist der Nachahmung, und diese Gewohnheit, welche noch die Bequemlichkeit verschafft, daſs man seinen Geist wenig anstrengen darf, erhält endlich eine solche Macht, daſs es fast unmöglich wird, sich von ihren Fesseln zu befreyen.

Nur selten wagte es daher der Deutsche Künstler, besonders in der Architektur, seinen eignen Weg zu gehen; — die wenigen Unternehmungen wurden nicht mit Nationalgeist aufgenommen, — und der angehende Zögling der Kunst hatte keine Aufmunterung, sich eine neue Bahn zu brechen.

Allzu grofse Bescheidenheit ist daher ohne Zweifel im Allgemeinen eine der vorzüglichsten Ursachen, warum die Deutschen in Allem, was Beziehung auf die bildenden Künste hat, noch keinen eigenthümlichen Geschmack angenommen haben, und immer sich begnügen, andere Nationen nachzuahmen.

Soll man denn aber, wird vielleicht mancher fragen, um diesen Fehler zu vermeiden, allen Nachahmungen entsagen? so viel schöne und nützliche Erfindungen unbenutzt lassen, blofs um dem Vorwurf der Nachahmung auszuweichen?

Selbst dann, wenn hier durchaus kein Ausweg, keine Mittelstrafse Statt fände, wenn zwischen steter, blofser Nachahmung, und dem Verzichtthun auf alle auswärtige Erfindungen schlechterdings zu wählen wäre, würde doch eher das letztere zu ergreifen, als das knechtische Joch immer währender Nachahmung zu übernehmen seyn.

Allein dieses ist der Fall nicht. Die Furcht vor der Nachahmung würde zu weit getrieben seyn, und oft sehr nachtheilige Folgen haben, wenn man defshalb alle fremde, nützliche und schöne Erfindungen aufgeben wollte. Aber den Muth sollten die Deutschen haben, überzeugt zu seyn, dafs sie eben sowohl, als jede andere Nation, im Gebiete der Kunst und des Geschmacks schaffen und ausführen können.

Der menschliche Geist mufs bey der Nachahmung in Werken des Geschmacks eben den Gang gehen, der bey der Entwickelung und Aus-

bildung aller physischen und geistigen Kräfte des Menschen befolgt werden mufs.

Man führt das Kind anfänglich am Gängelbande, und giebt den ersten
Äufserungen seines Willens die nöthige Richtung, wäre es auch mit Zwange
verbunden. Wenn aber seine körperlichen Kräfte sich mehren, wenn sein
Verstand sich thätig zeigt, dann verstattet man ihm jene Kräfte zu brauchen, um sie zu stärken, und läfst ihm seinen Verstand an der Beobachtung warnender oder nachzuahmender Beyspiele üben.

Der Jüngling, der sich dem männlichen Alter nähert, mufs nun selbst
seinen Gang zu gehen wissen: und wenn er auch zuweilen aus Unvor-
sichtigkeit fällt, oder an manchen Stein, den er übersieht, sich stöfst; —
so wird ihm diefs zur Warnung dienen, und ihn für die Zukunft vorsich-
tiger und behutsamer machen.

Erniedrigend ist es aber, im mannbaren Alter unter beständiger fremder
Leitung zu wandeln, und seine eignen Kräfte nie zu brauchen.

Alles dieses läfst sich denn auf den Kunstgeschmack völlig anwenden.
Mag doch eine Nation, so lange sie sich noch im Stande der Kindheit
befindet, von andern, ihr an Bildung überlegenen Nationen sich am Gängelbande leiten lassen; mag sie Anfangs sich blofs damit begnügen, dafs
sie Grundsätze der Ausländer annimmt, und die von ihnen aufgestellten
Muster nachahmet, bis jene Grundsätze ihr zur Gewohnheit geworden
sind, und sie in der Nachahmung dieser Muster eine Fertigkeit erwor-
ben hat. —

Wenn aber eine Nation zu dieser Stufe gekommen ist; wenn sie ferner
die bisher befolgten Grundsätze prüft, läutert, sich eigen macht: — dann
ist sie im männlichen Alter, und mufs ihren Werken einen eigenthümlichen

Charakter geben. — Und sollten die Deutschen noch nicht zu dieser
Reife gelangt seyn? —

Die Deutschen haben mehr als irgend ein Volk Materialien in jedem
Fache der Wissenschaften und Künste gesammelt; helle und geistvolle
Köpfe haben darüber gedacht, und die Quellen selbst benutzt; — sie haben
die wahren Muster selbst studirt; — und noch arbeitet der Deutsche
Künstler immer in irgend einem ausländischen Geschmack, anstatt selbst
zu erfinden, und dabey das Gute und Schöne der Ausländer mit Wahl zu
benutzen. Denn diese Art der Nachahmung dessen, was andere Völker
Gutes, Nützliches und Schönes aufstellen, bleibt für jede Nation und in
jeder Zeit Pflicht. Nur muſs diese Nachahmung durch philosophischen
Scharfsinn geleitet werden, wenn sie nicht dem Fortgange der Kunst,
im grofsen Sinne dieses Wortes, nachtheilig werden soll.

Man kann drey Arten der Nachahmung annehmen:

1) Nachäffung,

2) knechtische oder ängstliche, und

3) freye und verständige Nachahmung.

Die Nachäffung ist ein gedankenloses Kinderspiel, bey dem man
zwar einem von der Vorsehung dem Menschen weislich eingepflanzten
Triebe, jedoch ohne Zweck und ohne Nachdenken folgt, und sich
ohne Plan, folglich auch ohne Stetigkeit und ohne Nutzen, beschäftiget.

So wie der Affe die Handlung des Menschen nachahmet, ohne die
Absicht derselben einzusehen, machen seichte Köpfe aus den schönen
Künsten ein Spielwerk, und äffen die Werke grofser Künstler nach, ohne
auf Zweck, oder Plan, oder Regeln zu denken.

Anakreon, ein im Überfluſs sinnlicher Ergötzlichkeiten lebender
gefühl- und geistvoller Mann, singt in der Fülle des Vergnügens von Wein
und Liebe; — und hier will ein schwacher Jüngling, ohne einen Funken

des Geistes des Tejers, ohne etwas von seinen lebhaften Empfindungen zu haben, vielleicht in Dürftigkeit schmachtend, Anakreontische Lieder dichten. — Er äffet den lieblichen Sänger nach und wird verlacht. —

Die zwote Art der Nachahmung ist die knechtische und ängstliche.

Diese ist bey einem Schüler nicht ganz zu tadeln; — man kann sie als das Gängelband ansehen, an dem das Kind gehen lernt. Ein solcher Nachahmer wählt, mit eigner Überlegung oder durch guten Rath geleitet, ein Muster; aber indem er ohne Unterschied auch in zufälligen und aufserwesentlichen Stücken diesem Muster treu bleibt, ohne zu überlegen, ob dieses alles der Absicht seines Werks gemäfs ist, bringt er in sein Werk Beystücken, die nicht nur überflüssig und ungereimt sind, sondern oft die Wirkung des Ganzen durchaus hindern.

So wählt z. B. ein Baumeister die Dorische Ordnung zu einem Landhause: wenn er aber jedes einzelne Stück, das er an den in diesem Style aufgeführten Gebäuden findet, in seinem Werke anbringt, und Hirnschädel von Opferthieren in seine Metopen *) setzt; so wird er bey

---

*) Metopen sind in der Dorischen Säulenordnung die Vertiefungen an dem Fries zwischen den Triglyphen oder Dreyschlitzen. In den ersten Zeiten der Architektur, als die Tempel noch von Holz erbauet waren, hingen die Griechen in diesen Metopen ihre Opfergefäfse, wie auch die Hirnschädel der geopferten Thiere, auf.

Die Anzahl solcher an einem Tempel aufgehangener Hirnschädel war ein Beweis der grofsen Anzahl dargebrachter Opfer, folglich ein Beweis der Andacht.

Als nachher die Tempel von Steinen erbauet wurden, nützte man diesen Gebrauch zu einer passenden Verzierung, und ahmte wechselsweise Opfergefäfse und Hirnschädel geopferter Thiere in den Metopen, in Stein nach, um dadurch anzuzeigen, dieses Gebäude sey bestimmt, den Göttern darin Opfer zu bringen.

Wenn man also in den jetzigen Zeiten einen Griechischen Tempel nachahmen will, so läfst sich nichts dagegen sagen, wenn man diese Verzierungen mit überträgt.

diesem der Ruhe und Freude gewidmeten Sitze eine sehr widersinnige Verzierung anbringen, blofs weil er allzu ängstlich nachbildet.

Diese Art der Nachahmung kann daher ein in mancher Rücksicht vielleicht gutes Werk verderben, und den Künstler lächerlich machen.

Die dritte Art der Nachahmung ist die freye und verständige, welche die schon vorhandenen Werke zum Muster nimmt, aber dabey nie den Zweck des zu bearbeitenden Werks, und die sonst vorkommenden Umstände, welche in aufserwesentlichen Dingen eine Abweichung vom Muster erfordern, aus den Augen verliert. Ein in diesem Geiste nachahmender Baumeister wird daher, wenn er bey der Aufführung eines Gebäudes der Italiänischen Bauart folgt, doch dabey alles das vermeiden, was dem Clima des Landes nicht angemessen ist.

Ein in dieser Art nachgeahmtes Werk ist zwar nicht seiner Anlage nach, doch aber in der Ausführung und in vielen Theilen, als ein wahres Original anzusehen, in so fern nämlich der Künstler die der Absicht gemäfs zu treffenden Veränderungen machte, und in allen Stücken seiner Bestimmung Genüge leistete. — Das Wesen der verständigen und freyen Nachahmung besteht also darin, dafs der Künstler die Grundsätze und Regeln, welche bey dem von ihm zum Muster angenommenen Bey-spiele befolgt worden, prüfet, sie auf den vorliegenden Fall anwendet,

---

Wenn man aber blofs darum, weil bey den Alten Hirnschädel von Widderköpfen in den Metopen gefunden werden, dergleichen an Gebäuden, oder in Sälen, die zu angenehmen Unterhaltungen bestimmt sind, als z. B. bey der Verzierung eines Wohn- und Speisezimmers, anbringt, und durch diese an sich nicht reitzende Vorstellung das Gebäude oder das Zimmer einem Knochenhause ähnlich macht; so giebt man sich als einen geschmacklosen, ängstlichen Nachahmer zu erkennen.

Französ. grotesker G.

dennoch aber da, wo es seine Absicht erfordert, ohne Verletzung der Grundgesetze des guten Geschmacks, von seinem Original abweichet. *)

Nur muſs der Künstler immer die Wahrheit bey seinem Werke vor Augen haben, und z. B. der Architekt bey der Anlage eines Gebäudes, so wie bey der innern Verzierung desselben, der Wahrheit und der Natur treu bleiben, auch seinem eignen Gefühl mehr als der Mode folgen.

Viele neuere Baumeister verlassen den einfachen schönen Styl, den wir in den Werken der Griechen bewundern, nehmen eine manierirte Art an, und erfinden Verzierungen, die eben so widrig als geschmacklos sind.

Man findet dieses selbst in vielen neuen Italiänischen Palästen und Gebäuden, und manche unsrer vaterländischen Künstler lassen sich durch die Mode verleiten, und folgen dergleichen fehlerhaften Mustern. Und dieses geschah eben auch, als man anfing, die Französischen Schnörkel bey der innern Verzierung der Zimmer, ja sogar bey den Façaden der Häuser nachzuahmen. —

Doch dieser Nachahmung bedürfen die Deutschen nicht mehr. Ihre Künstler haben im Übertragen der Ideen anderer Künstler auf unsere Kunstwerke bewiesen, daſs sie selbst denken, und das Zweckmäſsige vom Zwecklosen zu unterscheiden wissen; und man kann nicht mehr zweifeln,

---

*) Der Künstler kann aber auch in der Wahl des Originals sehr fehlen. Ein Architekt, der zu der Façade eines aufzuführenden Armen- oder Krankenhauses die Vorderseite eines mit Säulen verzierten Palasts zum Muster nähme, würde ohne Zweifel ganz zweckwidrig handeln, indem er die Freystätte des Armen und Kranken mit den Symbolen der Wohlhabenheit und der Gröſse verzierte, zugleich aber durch den auf diese Verzierungen zu verwendenden Kostenbetrag den Fonds zum Nachtheil vieler Aufzunehmenden schwächte.

dafs nun auch die Deutschen fähig sind, einen eigenthümlichen, wohlgewählten Nationalgeschmack anzunehmen und sich eigen zu machen.

„Ziehen wir die Erfahrung zu Rathe," sagt Reynolds, „so finden wir, dafs man dann leicht selbst erfinden lernte, wenn man sich mit den Erfindungen Anderer wohl bekannt machte, so wie man dadurch zum Denken geschickt wird, wenn man die Gedanken Anderer lieset."

So gerecht aber auch der Wunsch ist, dafs die Deutschen zu diesem Ziele gelangen möchten, so stehen doch der Erfüllung desselben immer noch viel wichtige Hindernisse, und zwar eben diejenigen entgegen, die bis hierher die Bestimmung eines Nationalgeschmacks in Absicht auf das Schauspiel vereitelten. Denn wenn wir gleich dem Nahmen nach Nationaltheater haben, so herrscht doch auf diesen immer noch nicht Ein der Nation gemeinschaftlicher und eigenthümlicher Geschmack.

Das wichtigste Hindernifs beruhet darauf, dafs Deutschland in viele verschiedene Staaten, die unter sich verschiedenes Interesse und verschiedene Cultur haben, getheilt ist: daher denn das, was in dem einen Staate gefällt, in dem benachbarten vielleicht mit Gleichgültigkeit, oder gar mit Mifsfallen aufgenommen wird.

Bey dieser Zertheilung in mehrere, mit einander rivalirende Staaten kann auch nicht Eine Hauptstadt, wie z. B. London in England, existiren, die der Vereinigungspunkt der Gelehrten und Künstler wäre, und den Ton für das Ganze angäbe. Schwierigkeiten, auch grofse Schwierigkeiten, machen aber darum noch keine Unmöglichkeit. Italien theilt sich ebenfalls, wie Deutschland, in verschiedene Staaten; und gleichwohl ist nicht zu läugnen, dafs in Italien ein Nationalgeschmack Statt findet.

Noch mehr, Deutschland war in ältern Zeiten ebenfalls in verschiedene Staaten getheilt; und gleichwohl hatten die Deutschen damals Nationalsitten, und — war es gleich kein guter Geschmack, — einen

Nationalgeschmack. Anstatt aber diesen auszubilden, ihm das Eigenthümliche zu lassen, und nur sein Fehlerhaftes zu verbessern, und dann Werke in Deutschem Geschmack zu liefern, bestrebten sich die Deutschen leider nur die Franzosen und Engländer ängstlich nachzuahmen, verloren immer mehr von ihrer Selbstständigkeit, von ihren Nationalsitten, und fanden sich endlich auch ohne Nationalgeschmack.

Deutschland könnte sich diesen gewifs bilden, wenn nur in einer Deutschen Provinz der feste Entschlufs gefafst würde, einen bestimmten Nationalgeschmack anzunehmen. Denn wenn dieser auf richtigen Grundsätzen beruhete, so könnte es nicht fehlen, dafs am Ende die Wahrheit den Sieg davon tragen müfste.

Oft ist ein kleines Land, in welchem nur einige wenige geschmackvolle Männer thätig sind, mehr fähig dieses hervorzubringen, als ein grofses, in welchem sich zu viel Männer, die den Ton angeben wollen, befinden, und wo der Fürst zu sehr mit den eigentlichen Staatsangelegenheiten beschäftigt ist, als dafs er einen grofsen Theil seiner Aufmerksamkeit den Gegenständen, die mit der Bildung des Geschmacks in Verbindung stehen, widmen könnte.

Die Wahrheit dieser Behauptung kann durch ein Beyspiel bewiesen werden, bey dessen Anführung ich zweyen Deutschen Männern, welche im nördlichen Deutschland viel zur Verbesserung des guten Geschmacks beygetragen haben, Gerechtigkeit widerfahren lassen mufs.

Noch in den Jahren, die auf den verwüstenden siebenjährigen Krieg folgten, war man in dem nördlichen Deutschlande bey der Anlegung neuer Gärten und der innern Auszierung der Zimmer ganz dem Französischen grotesken Geschmack getreu. Alle Verzierungen waren mit widrigen, geschmacklosen Schnörkeln überhäuft, und die Gärten ebenfalls mit unnatürlichen Gegenständen angefüllt.

So bestan l ̅. B. ein grofser Theil der Gartenverzierung aus künstlichem Lattenwerk, aus mancherley ausgeschnittenen Figuren von Buxbaum, und aus *Parterres*, wo die Räume zwischen dem Rasen und andern grünen Einfassungen mit Porzelanscherben ausgefüllet waren. Und dieser unnatürliche Geschmack herrschte in allen übrigen Anlagen zu Verschönerung der Gebäude und Gärten.

Unerwartet trat nun zu rechter Zeit in dieser Gegend Deutschlands aus dem Zustande der blofsen Natur eine Anlage hervor, die allgemeinen Beyfall fand, und dem Geschmack eine bessere Richtung gab. Diese Anlage ist das Schlofs und der Garten zu Wörlitz.

Dieser von dem regierenden Fürsten, Franz von Dessau, nach seiner eignen Zeichnung und Angabe angelegte Garten, war in unsern Gegenden der erste im Englischen Geschmack; und indem durch diese schöne Anlage der Nachahmungsgeist erweckt wurde, war auch die Gewalt, die bisher der Französische Geschmack über die Deutschen gehabt hatte, geschwächt und vernichtet.

Auch das in jeder Rücksicht in gutem und edlem Geschmack durch den Herrn von Erdmannsdorf daselbst erbauete und innerlich verzierte fürstliche Lustschlofs war eins der ersten, das frey von Französischen Schnörkeln und groteskem Geschmack, als Muster eines reinern und edlern Geschmacks in den Arabesken und andern innern Verzierungen diente. Und bald folgte man fast allgemein diesem Beyspiele, so dafs nun in den Gartenanlagen in Deutschland ein natürlicher und guter Geschmack herrschend ist.

So wirkten zwey Männer von Geist aus einer der minder grofsen aber ruhigen Provinzen Deutschlands auf den Geschmack des ganzen Vaterlandes: Wenn aber die Deutschen den edlen und in seinen Folgen gewifs wohlthätigen patriotischen Entschlufs fafsten, einen bestimmten

Nationalgeschmack, besonders in der Architektur und der damit in Verbindung stehenden Zimmerverzierung, anzunehmen, welcher Gattung des Geschmacks würden die Deutschen sich am meisten nähern können?

Die Frage ist zu viel umfassend, um hier eine vollständige Beantwortung derselben zu wagen. Ein kleiner Beytrag dazu mögen indefs folgende Bemerkungen seyn, die vielleicht eine Veranlassung für Männer von Kenntnifs und Geschmack seyn können, ihre Meinung über diesen Gegenstand bekannt zu machen.

Zuerst würde man wohl auf das Deutsche Clima Rücksicht zu nehmen haben.

Der Italiänische Geschmack beruhet gröfsten Theils auf richtigen Grundsätzen, allein er ist nicht ganz anwendbar auf Deutschland. Unsere Wohnungen sollen uns vor den Unannehmlichkeiten der Witterung, die einen grofsen Theil des Jahres hindurch rauh und unfreundlich ist, schützen.

Man würde daher z. B. in Absicht auf die Höhe der Wohnzimmer, wodurch deren Erwärmung erschweret wird, von dem Italiänischen Geschmacke sich entfernen müssen.

Dann wäre der Charakter der Deutschen in Betrachtung zu ziehen.

Ohne irgend einer andern Nation zu nahe treten zu wollen, so ist doch sicher die Deutsche als eine der besten und vorzüglichsen anzusehen. Sie ist **gut**, **edel**, **stille**, und doch **voll Kraft und Muth**. *)

---

*) Claudius in seinem Rheinweinliede sagt:
    Ihn bringt das Vaterland aus seiner Fülle;
    Wie wär' er sonst so gut?
    Wie wär' er sonst so edel, wäre stille,
    Und doch voll Kraft und Muth?
Er schilderte hier in der That nicht blofs den gepriesenen Wein, sondern auch das Vaterland und dessen Volk.

Wenn man von diesen Eigenschaften des Deutschen Nationalcharakters
Anwendung auf den Nationalgeschmack der Deutschen, vorzüglich auf einen
in der Baukunst festzusetzenden Geschmack macht, so ist das Resultat
folgendes:

Edel und gut, dabey eben so fern von tändelnder Geschwätzigkeit,
als prunkvollem Schimmer, ist der Deutsche; und so bleibe auch von seiner Bauart jeder tändelnde, spielende Geschmack, wie der Blondelsche
war, eben so entfernt als auffallender und gesuchter Prunk und Schimmer.
Das Gefühl einer edlen stillen Gröfse mufs den Deutschen Baumeister
bey der Anlage des Ganzen und in der Ausführung der einzelnen Theile
leiten. —

Doch ich verlasse nun diesen für einen Deutschen interessanten Gegenstand, und gehe zur Beschreibung der zwey Blätter über.

Franz Blondel, Directeur der Akademie der Architektur in Frankreich, welcher im Jahre 1686 in einem Alter von 68 Jahren starb, und
von dem wir noch verschiedene architektonische und mathematische, ehedem sehr geschätzte Werke haben, nach dessen Zeichnungen auch die
Stadtthore zu Paris St. Denis und St. Antoine erbauet sind, war einer
von denen Architekten, die den hier vorgestellten Geschmack am meisten
begünstigten, wenn man ihn nicht gar als den Erfinder desselben ansehen will.

Dieser Geschmack ist allerdings tändelnd und mit unnöthigen, geschmacklosen Zierathen überladen; mit Recht ist man daher von demselben zu einem edlern einfachen Styl zurückgekehrt.

Allein unbillig und undankbar wäre es, Blondels Werke blofs zu
tadeln, und das Gute, was in ihnen liegt, ganz zu übersehen; so gewöhnlich es auch ist, bey erlangten bessern Kenntnissen den Vorgänger,

der gleichwohl die Bahne brach, und gewifs immer Etwas Gutes lieferte, durchaus als verwerflich zu behandeln.

Es sey mir daher erlaubt, einige Augenblicke bey Blondels Arbeiten zu verweilen.

Schon seine Anstellung als Directeur der königlichen Akademie der Architektur läfst mit Recht erwarten, dafs er ein Mann von ausgezeichneten Talenten war, den man jetzt noch Achtung schuldig bleibt, obgleich sein Geschmack dermalen nicht mehr benutzt wird.

Zu seinen Zeiten herrschte in Frankreich noch ein schwerfälliger und fehlerhafter Italiänischer Geschmack, sowohl in den Gebäuden, als in der innern Auszierung der Zimmer. Er suchte diesem Geschmack einen leichtern und gefälligern Charakter zu geben; und sein Fehler war vielleicht der, dafs er zu sehr darnach strebte, graziös und gefällig zu werden, dadurch in das Tändelnde, und aus diesem in das Groteske verfiel.

Bey allen auffallenden Fehlern, welche dieser Geschmack aber auch hat, kann dennoch der denkende Baumeister bey Land- und Bürgerhäusern, Gärten, Pavillons und andern Gebäuden, denen man einen Charakter von Leichtigkeit und Bequemlichkeit geben will, immer noch viel Gutes aus Blondels Werken nehmen. *)

---

*) Die Chursächsische Residenz Dresden wird unter die schönsten Städte Deutschlands gerechnet, und man kann in gewisser Rücksicht behaupten, dafs der Blondelsche Geschmack zu ihrer Verschönerung beygetragen hat. Es befinden sich nämlich daselbst nur wenig öffentliche Gebäude, die durch architektonische Vorzüge die Aufmerksamkeit der Kenner erregen. Dagegen haben die Bürgerhäuser einen gefälligen und reinlichen Charakter, der zugleich, wenn auch nicht Reichthum, doch einen Wohlstand ankündigt, welcher auf jeden Fremden bey dem ersten Anblick einen angenehmen Eindruck macht, und wodurch Dresden zu einer

Insonderheit muſs man den Französischen Architekten die Gerechtigkeit widerfahren lassen, daſs sie in Ansehung der Eintheilung der
Zimmer viele Vorzüge vor den Italiänern haben, und daſs Algarotti
Recht hat, wenn er sagt, daſs er wünschte, in einem von einem Französischen Architekten erbauten Hause zu wohnen, seiner Wohnung gegen
über aber einen Italiänischen Pallast zu haben. Zu Erlernung einer guten
Eintheilung der Zimmer bleibt gewiſs Blondel, so wie auch seine Zeitgenossen und die dermaligen Französischen Architekten, immer einer der
besten Lehrmeister.

In der Mitte der hier gelieferten

Tafel I.

erblickt man ein im Blondelschen Geschmack angelegtes Gartengebäude,
welches zu der Zeit, als es benutzt wurde, und in welcher jener Geschmack herrschte, vielen Beyfall fand.   Der Premier - Minister Graf
von Brühl lieſs dasselbe auf einem Platze, welcher eine der herrlichsten

---

der vorzüglichsten Städte Deutschlands wird; die innere Einrichtung der Gebäude ist dabey so beschaffen, daſs die Besitzer derselben daraus guten Nutzen ziehen; mit Einem Worte,
das, was man gute bürgerliche Baukunst (*Architecture bourgeoise*) nennet, ist in Dresden
häufig angewandt zu sehen. Gehet man aber auf die Ursache zurück, welcher man hier diese
Vortheile und Annehmlichkeiten verdankt, so findet man solche darin, daſs die Sächsischen
Architekten den Blondelschen oder Französischen Geschmack mit Einsicht benutzten, nicht
aber die grofse, nur für öffentliche Gebäude und Palläste anwendbare Bauart der Italiäner
nachahmten.

Denn eben in dem Zeitraume von dreyſsig bis vierzig Jahren, wo der Blondelsche
Geschmack in Sachsen der herrschende war, wurden auch die meisten neuen Bürgerhäuser
in Dresden erbauet.

Französ. grotesker G.   5

Aussichten in Dresden gewähret, nehmlich auf der so genannten Brühl-schen Terrasse, aufführen. In dem siebenjährigen Kriege wurde selbiges zerstöret.

Auf

Tafel II.

befindet sich

A. ein Lehnstuhl,

B. ein *Trumeau* oder grofser Spiegelrahmen, und

C. ein Consol - Tisch.

Alle diese drey Stücke sind nach Blondels Manier, also freylich nicht so gestaltet, dafs man sie jetzt bey Zimmerverzierungen brauchen könnte. Ihre Betrachtung aber kann wenigstens zeigen, warum der gegen-wärtige Geschmack in Meubles dem damaligen vorzuziehen ist.

Auf dem Stuhle sitzt man, wegen seiner Schwere, Breite und Tiefe, sicher, fest und bequem; dagegen ist er in Vergleichung mit neuern Stühlen zu schwer, und nicht ohne Mühe von einem Orte zum andern zu bringen, überdiefs die Rücklehne zu hoch, und mit Verzierungen so überladen, dafs, wenn man sich mit dem Kopf an die Lehne legt, diese voll Puder wird, und die Damen Gefahr laufen, mit den Haaren in der Bildhauerarbeit hängen zu bleiben.

An dem Spiegel, so wie auch an dem Consol, ist viel Bildhauerarbeit verschwendet; die angebrachten Schnörkel sind aber nicht nur geschmacklos, sondern sie verursachen auch einen beträchtlichen Kostenaufwand, sowohl bey dem Bildhauer, als bey dem Vergolder; und haben wegen der krummen Formen das Nachtheilige, dafs sich die Kosten der Vergoldung nicht so, wie bey geradlinigen Verzierungen berechnen lassen.

Bey dem Consol-Tische haben, aufser der daran verschwendeten Bildhauer- und Vergolder-Arbeit, die ausgeschweiften Füfse einen unangenehmen Anschein von Zerbrechlichkeit. Im übrigen hat seine Form eine hervorspringende Krümmung, und diese bey den damaligen Tischlerarbeiten sehr gebräuchliche Form führt den Nachtheil mit sich, dafs dadurch das Arbeitslohn vermehrt wird, und in dem Zimmer einiger, wenn auch nicht beträchtlicher, doch immer nutzbarer Raum, der aber im Innern des Schrankes und so weiter nicht gebraucht werden kann, verloren gehet. Bey Consoltischen mit Marmorplatten verursacht diese Krümmung ebenfalls einen sehr vermehrten Kostenaufwand, wenn letztere darnach geschnitten werden müssen.

Die geraden Formen, die jetzt den Schränken, Commoden, Consoltischen und so weiter gegeben werden, sind daher in diesen Rücksichten unstreitig jenen vorzuziehen.

Die Werke, aus denen dieser Geschmack studiert werden kann, und welche zum Theil hier benutzt worden, sind:

1) *Architecture Françoise. Paris, IV Vol. Fol.   c. F.*

2) *Oeuvres d'Architecture de Boffrand, Blondel, Briseux, d'Aviler, Openort, etc.*

O - Tahitischer Geschmack.

Wenn die Griechen und Römer als Dichter, Geschichtschreiber, Redner, Architekten und Bildhauer immer noch Lehrer und Muster der Neuern sind, so haben diese dagegen andere Wissenschaften, als Naturgeschichte, Physik, Chemie, Astronomie und alle Theile der Philosophie, mit weit glücklichern Erfolge betrieben, und ihre Vorgänger weit übertroffen.

Durch die Erfindung des Compasses und des Schiefspulvers war der Neuere im Stande, weitere, vorher nicht gewagte Seereisen zu unternehmen, und sich auch zahlreichen Feinden furchtbar zu machen.

Nun wurden unbekannte Länder entdeckt; und diese Entdeckungen bereicherten nicht blofs Europa mit edlen Metallen und nutzbaren Natur-Producten, sondern sie waren zugleich eine unversiegende Quelle, aus welcher der Naturforscher in vollem Mafse neue Kenntnisse in dem unermefslichen Reichthume der Natur, und der Philosoph neue Beyträge zum Studium des Menschen schöpfen konnte.

Aber auch der Künstler findet in jenen entfernten Ländern Gegenstände, die seiner Aufmerksamkeit würdig sind; die seine Wifsbegierde, seine Beurtheilungskraft und seinen Scharfsinn beschäftigen können, indem er die Kunst im Entstehen und den Geschmack bey uncultivirten, blofs dem natürlichen Gefühle folgenden Nationen beobachtet und studirt.

Ich habe daher auch eine Gattung von Geschmack darzustellen unternommen, welche wir durch die Entdeckungen fremder Welttheile und Länder kennen gelernt haben.

Unter allen diesen Entdeckungen ist keine wirksamer auf die politischen Verhältnisse der Europäischen Staaten überhaupt, auf die Handlung insbesondere, und auf die Sitten selbst gewesen, als die in den Jahren 1492 und 1493 durch Christoph Colombus zuerst unternommene und durch Americus Vespucius vollendete Entdeckung des bis dahin unbekannten vierten Welttheils, Amerika.

Nach diesem so wichtigen Ereignisse sank der Entdeckungsgeist gewissermafsen in einen Schlummer, aus dem er allererst in der zwoten Hälfte unsers Jahrhunderts wieder erwachte.

Dem unternehmenden, durch Reichthum unterstützten, beharrlichen Englischen Volke, und der Regierung des jetzigen Königs Georgs III. war der Ruhm vorbehalten, in der Aufsuchung bisher unbekannter Länder die gröfste Thätigkeit mit glücklichem Erfolg zu verbinden.

Die erste Veranlassung dazu war die Vermuthung, dafs im Atlantischen Weltmeere, zwischen dem Vorgebirge der guten Hoffnung und der Magellanischen Strafse, beträchtliche, bisher von keiner Europäischen Nation besuchte Länder und Inseln, in einem für die Schiffahrt bequemen, und für die Hervorbringung mancher nutzbarer Natur-Producte günstigen Himmelsstriche gelegen wären. Mit der Aufsuchung solcher Länder liefs sich dann zugleich eine sorgfältigere Untersuchung der von Englischen Seefahrern zwar entdeckten, aber nicht genau untersuchten so genannten Pepy- und Falklands-Inseln verbinden.

Dieses bewog den König im Jahre 1764, da das Reich einen vollkommenen Frieden genofs, den Commodore Byron, und im Jahre 1766 die Capitäne Wallis und Carteret, mit einigen Schiffen zu dieser Unternehmung abzuschicken.

Wallis fand die Insel O-Tahiti, die als ein von der Natur vorzüglich begünstigtes, und von einem heitern, gutmüthigen Volke bewohntes Land, in unsern Tagen eine allgemeine Aufmerksamkeit auf sich gezogen hat; und von welcher hier einige Nachricht hauptsächlich darum gegeben werden soll, um den Geschmack eines Volkes, das, so wie es aus den Händen der Natur hervor gegangen, weder durch Kunst polirt, noch durch Nachäffung verbildet war, darzustellen.

Als im Jahre 1767 die königliche Gesellschaft der Wissenschaften die Absendung einiger Personen nach den Südländern, um daselbst den im Jahre 1769 zu erwartenden Durchgang der Venus durch die Sonnenscheibe zu beobachten, in Vorschlag brachte, wurde zu dem Ende die Ausrüstung eines eigenen Schiffes beschlossen, der Capitän Jacob Cook, ein Mann von vorzüglichen Einsichten und Fähigkeiten, zu dessen Befehlshaber bestimmt, und ihm nebst Carl Green die Beobachtung des Durchgangs der Venus aufgetragen, die neuerlich entdeckte Insel O - Tahiti aber auf Anrathen des Capitän Wallis, gewählt, um daselbst diese Beobachtung anstellen zu lassen.

Nach beendigter Beobachtung ging Capitän Cook auf neue Entdeckungen aus. Er fand die so genannten Societäts-Inseln, und lief von da bis zum 40sten Grad Süder-Breite, wohin vor ihm noch kein Seefahrer gekommen war.

Die völlige Entdeckung des von Tasmann gesehenen Neu-Seelands, die gefährliche Fahrt an der noch ganz unbekannten östlichen Küste von Neu-Holland, und die wiedergefundene Durchfahrt des *Torres* zwischen Neu-Holland und Neu-Guinea, waren die merkwürdigsten Begebenheiten dieser Reise.

Banks, ein erfahrner und sorgfältiger Botaniker, begleitete Cook, und fand zwischen 12 bis 1500 verschiedene noch unbekannte Pflanzen - Gattungen, nebst einer beträchtlichen Anzahl Vögel, Fische, Amphibien, Insekten und Gewürme.

In den Jahren von 1772 bis 1775 erhielt Cook abermals Auftrag, auf Entdeckungen auszugehen, und auch diese Reise endigte er glücklich.

In den Jahren von 1776 bis 1780 wurde ihm endlich die dritte Entdeckungs - Reise aufgetragen: er sollte nun versuchen, im Norden eine Durchfahrt aus dem stillen in das Atlantische Meer zu finden. Allein auf dieser Reise wurde der eben so verdienstvolle als berühmte Cook von den Einwohnern der Insel Owhyhee getödtet.

Aufser diesen eigentlichen Entdeckungs-Reisen wurde noch im Jahre 1787 William Bligh nach O-Tahiti gesandt, um den Brodfrucht-Baum nach England zu bringen. Die Beschreibung seiner Reise enthält aber nichts neues, sondern nur Bestätigungen der Erfahrungen seiner Vorgänger.

Ehe ich zu der kurzen Beschreibung der Insel O-Tahiti und ihrer Bewohner übergehe, bietet sich noch die Frage dar: Welcher Nutzen ist für die Europäer aus diesen Entdeckungen — die so viel Kosten verursachten, mit so vieler Gefahr und Schwierigkeiten verbunden waren, den Bewohnern der entdeckten Länder ihre häusliche Ruhe, und vielen von ihnen das Leben kosteten, — entstanden? —

Die Kenntnifs unsers Erdballs wurde, wie Georg Forster, Cooks würdiger Begleiter, bemerkt, erweitert. — Cook hatte auf seiner zweyten Reise gefunden, dafs kein festes Land in der südlichen Halbkugel innerhalb des gemäfsigten Erdgürtels lieget, und dafs jenseits des Antarktischen Zirkels keine so beträchtlichen Länder, als man daselbst vermuthet hatte, anzutreffen sind; dafs die Natur mitten im grofsen Weltmeere Eisschollen bildet, die keine Salztheilchen enthalten, sondern alle Eigenschaften des reinen und gesunden Wassers haben; er hatte in dem stillen Meere, innerhalb der Wendezirkel, Inseln und Producte aus dem Thier- und Pflanzenreiche, manche Abstufungen in der physischen und moralischen Bildung des Menschen entdecket: — alles unverkennbarer Gewinn, den die Wissenschaften aus diesen Reisen gezogen haben; und ihren sittlichen Nutzen — wenn wir ihn auch noch nicht genau einsehen, — kann niemand bezweifeln, wenn man bedenkt, dafs jede Belehrung unsers Verstandes zu unsrer Vervollkommnung, dafs jede Begebenheit überhaupt zur Erhaltung und Verbesserung des Ganzen mitwirkt. Endlich ist für die Seefahrer bey diesen Reisen die wohlthätige Bemerkung gemacht worden, dafs das Sauerkraut wahrscheinlich das beste Vorbauungsmittel gegen den gefährlichen Feind der Seefahrer, den Scharbock, und um so viel mehr anzuempfehlen ist, weil es in Menge mitgenommen, und nicht als Medicin, sondern in grofsen Portionen als nahrhafte Speise gebraucht werden kann,

da selbst die vielen Veränderungen des Clima's, denen man auf dergleichen Reisen ausgesetzt ist, ihm nichts schaden.

Doch nun zur Insel O-Tahiti!

Die Absicht dieser Arbeit erlaubt zwar nicht, hier eine ausführliche
Beschreibung derselben zu geben; sondern ich werde nur einige der inter-
essantesten Gegenstände, und vorzüglich die, welche auf den Kunstgeschmack einige, wenn gleich nur entfernte Beziehung haben können,
berühren.

Unter diese Gegenstände werden denn vorzüglich die Wohnungen
der Eingebornen gehören. Viel Belehrendes und Neues wird der Architekt
und der Kunstliebhaber nicht finden, aber doch mit Vergnügen den Weg
sehen, den das Kind der Natur in Absicht dieses Bedürfnisses gegangen
ist, und bey einem noch nicht cultivirten Volke schon die Anlagen gewahr
werden, bey deren Ausbildung es dereinst zu einer höhern Stufe der
Vollkommenheit auch in den Werken der Kunst gelangen kann. —

Wenn der O-Tahiter viele derer Annehmlichkeiten, die wir den
Künsten und Wissenschaften verdanken, entbehren mufs, so kennt er
dagegen auch weniger erkünstelte Bedürfnisse, durch welche unsere Glückseligkeit oft gestöret wird.

Der O-Tahiter lebt, ohne auf Vorräthe mancher Art sorgfältig bedacht
zu seyn, sehr glücklich und ruhig. Zwey oder drey Brodfrucht-Bäume,
die beynahe ohne alle Handanlegung fortkommen, und fast eben so lange
tragbar sind, als der, welcher sie pflanzte, leben kann, sind hinreichend,
ihm drey Viertheile des Jahres hindurch Brod und Unterhalt zu geben.
Was er davon nicht frisch verzehren kann, wird gesäuert, und als ein
gesundes, wohlschmeckendes Nahrungsmittel für die übrigen Monate
aufbewahrt. Selbst diejenigen Pflanzen, welche auf O-Tahiti die mehreste
Cultur erfordern, nämlich der Papier-Maulbeerbaum, und die Arum-

wurzeln, kosten einem O-Tahiter nicht mehr Arbeit, als unsern Land-
leuten die gemeinsten Gartengewächse. Die ganze Mühe, einen Brodfrucht-Baum anzuziehen, bestehet darin, einen gesunden Zweig abzu-
schneiden und ihn in die Erde zu stecken.

Der Pisang sprofst alle Jahre frisch aus der Wurzel aus; die königliche Palme, diese Zierde der Ebenen, und eine Menge noch anderer
Pflanzen, schiefsen alle von selbst auf, und erfordern so wenig Wartung,
dafs man sie zu O-Tahiti fast als ganz wild wachsend ansehen kann. —
Die Zubereitungen des Kleidungszeuges, womit sich die Frauensper-
sonen allein abgeben, ist mehr für einen Zeitvertreib, als für eine Arbeit
anzusehen; und so mühsam der Haus- und Schiffbau, ingleichen die
Verfertigung des Handwerkszeuges und der Waffen auch immer seyn
mögen, so verlieren alle diese Geschäfte doch dadurch viel von ihrer
Beschwerlichkeit, weil man sie gern und willig, und nur zu seinem
eignen unmittelbaren Nutzen übernimmt.

Auf solche Art fliefst das Leben der O-Tahiter in einem beständigen
Zirkel von mancherley reitzenden Genüssen hin. Sie bewohnen ein Land,
wo die Natur überall schöne Gegenden verbreitet hat, wo die Luft zwar
warm, aber doch von erfrischenden Seewinden gemäfsiget, und der Himmel
fast beständig heiter ist. Ein solches Clima und die gesunden Früchte
verschaffen den Einwohnern Stärke und Schönheit des Körpers.

Sie sind alle wohlgestaltet und von so schönem Wuchs, dafs Phidias
und Praxiteles manchen unter ihnen zum Modell männlicher Schönheit
gewählt haben würden. Ihre Gesichtsbildungen sind angenehm, frey von
allem Eindruck irgend einer heftigen Leidenschaft.

Grofse Augen, gewölbte Augenbrauen und eine hevor stehende Stirne,
geben ihnen ein edles Ansehen, welches durch einen starken Bart und

Haarwuchs noch mehr erhöhet wird. Alles das und die Schönheit ihrer Zähne sind redende Kennzeichen ihrer Gesundheit und Stärke.

Das andere Geschlecht ist nicht minder wohlgebildet. Man kann zwar ihre Weiber nicht regelmäfsige Schönheiten nennen; sie wissen aber doch das Herz der Männer zu gewinnen, und erwerben sich durch ungezwungene natürliche Freundlichkeit, und durch ihr stetes Bestreben zu gefallen, die Zuneigung und Liebe unsers Geschlechts.

In der Lebensart der O-Tahiter herrscht übrigens durchgehends eine glückliche Einförmigkeit.

Mit Aufgang der Sonne stehen sie auf, und eilen sogleich an einen Bach oder Quell, sich zu waschen und zu erfrischen. Alsdann arbeiten sie, oder gehen umher, bis die Hitze des Tages sie nöthiget, in ihren Hütten, oder in den Schatten der Bäume auszuruhen.

In diesen Erholungsstunden bringen sie ihren Kopfputz in Ordnung, das heifst: sie streichen sich das Haar glatt, und salben es mit wohlriechendem Öhle.

Zuweilen blasen sie auf der Flöte, singen dazu, oder ergetzen sich, hingestreckt auf den Rasen, am Gesange der Vögel.

Um die Mittagsstunde, oder auch wohl etwas später, ist ihre Tischzeit, und nach der Mahlzeit kehren sie wieder zu häuslichen Arbeiten, oder zu ihrem Zeitvertreib zurück. Bey allem, was sie thun, zeigt sich gegenseitiges Wohlwollen; und eben so siehet man auch die Jugend in Liebe unter einander und in Zärtlichkeit zu den Ihrigen aufwachsen.

Munterer Scherz, ohne Bitterkeit, ungekünstelte Erzählungen, fröhlicher Tanz und ein mäfsiges Abendessen, bringen die Nacht heran, und dann wird der Tag mit abermaligem Baden im Flusse beschlossen.

Zufrieden mit dieser einfachen Art zu leben, wissen die Bewohner eines so glücklichen Clima's nichts von Kummer und Sorgen, und sind bey aller ihrer Unwissenheit glücklich zu preisen; denn

> Ihr Leben fliefset verborgen wie klare Bäche durch Blumen dahin! —
>
> Kleist.

Ich komme nun zu den Wohnungen dieses Volks.

Sie liegen einzeln, aber dennoch ziemlich dicht an einander, im Schatten der Brodfrucht-Bäume, meistens auf der Ebene, und sind mit manchen wohlriechenden Stauden, als *Gardenia*, *Guettarda* und *Calephyllum*, umpflanzt.

Die einfache Bauart und Reinlichkeit derselben stimmt mit der kunstlosen Schönheit des um sie her liegenden Waldes überaus gut zusammen.

Sie bestehen meisten Theils nur aus einem Dache, das auf einigen Pfosten ruht, und sind übrigens gewöhnlich an allen Seiten offen und ohne Wände.

Letztere sind auch, bey dem dortigen milden Clima, das vielleicht eines der glücklichsten auf Erden ist, sehr wohl zu entbehren; denn Thau und Regen, die einzigen Veränderungen der Witterung, gegen welche die Einwohner Schutz nöthig haben, werden in den meisten Fällen durch ein blofses Dach genugsam abgehalten. Zu diesem liefert ihnen der Pandang, oder Palm-Nufsbaum — *Bromelia sylvestris Linn.* — seine breiten Blätter statt der Ziegel, und die Pfeiler werden aus dem Stamme des Brodfrucht-Baums gemacht, der ihnen solchergestalt auf mehr als Eine Art nutzbar wird. Indessen giebt es doch mitunter einige Wohnungen, die, vermuthlich nur darum, damit man innerhalb verborgen seyn könne, mit einer Art von Rohrhurden eingeschlossen sind, und folglich einem grofsen Vogelbauer ziemlich ähnlich sehen.

In diesem Wandwerk ist eine Öffnung zur Thür gelassen, die mit einem Brete zugemacht werden kann.

Das, worauf man sich aber bey diesem Volke am meisten zu gute thut, und wornach man am emsigsten trachtet, ist der Vorzug, einen schönen *Morai*, oder Begräbnifsort, zu haben.

Es giebt zu O - Tahiti eine gewisse Gattung von Bäumen, *Etoa* genannt, die gemeiniglich nur an den Orten gepflanzt werden, wo die Einwohner ihre Verstorbenen begraben. Dergleichen Begräbnifsplätze, die zugleich zu Verrichtung des Gottesdienstes gebraucht werden, heifsen, wie schon erwähnet, *Morai*.

Hawkesworth sagt von einem der vorzüglichsten folgendes:

„Als die Engländer zu O - Tahiti anlangten, erstaunten sie, ein ungeheures Gebäude vor sich zu sehen, das, wie man ihnen sagte, der Königin Oberea zugehörte, und zugleich das gröfste Meisterstück Indianischer Baukunst in dieser Insel war.

„Es war von Stein in pyramidalischer Gestalt erbauet, und ruhete auf einer länglich viereckigen Basis, die 267 Fufs lang und 87 breit war. Die Bauart desselben glich einiger Mafsen den kleinen pyramidenförmigen Anhöhen, auf welche man zuweilen Sonnenuhren aufzustellen und solche an jeder Seite mit einer Reihe von Staffeln versehen zu lassen pfleget. Bey diesem Gebäude waren jedoch die Seitenstaffeln breiter als jene an den Enden, so dafs das Gebäude oberwärts nicht ein so grofses Viereck, als die Basis selbst, sondern in eine Spitze, wie das Dach eines Hauses, zusammen lief. Dieser Staffeln waren eilfe, jede derselben war vier Fufs hoch, dafs demnach die Höhe des ganzen Gebäudes 44 Fufs betrug. Jede Stufe bestand aus einer Reihe weifser, regelmäfsig und viereckig behauener und geglätteter Korallensteine. Die übrigen Theile dieser Steinmasse (denn sie war nirgends hohl) bestand aus runden Kieselsteinen, die, der Regelmäfsigkeit ihrer Figur nach, gleichfalls bearbeitet zu seyn schienen. Einige von den Korallensteinen waren sehr grofs, und unter andern hatte einer derselben 5½ Fufs Länge und 2½ Fufs Breite.

„Der Grund bestand aus Felsenstücken, die gleichfalls viereckig gehauen und zum Theil ganz ansehnlich waren; denn eins derselben war nicht weniger als 4 Fufs 7 Zoll lang, und 2 Fufs 4 Zoll breit.

„Ein solches Gebäude von einem Volke aufgeführt, das weder einiges eisernes Werkzeug zum Behauen kennt, noch vom Mörtel zur Verbindung der Steine etwas weifs, setzt billig in Erstaunen.

„Es war dem Ansehen nach eben so dicht und fest, als irgend ein Europäischer Baumeister es hätte aufführen können, ausgenommen, dafs die Stufen, welche man an der gröfsten Länge derselben angebracht hatte, nicht ganz gerade waren, sondern in der Mitte sich etwas krümmten, so dafs die ganze Oberfläche von einem Ende zum andern nicht eine gerade, sondern eine krumme Linie vorstellte. Da in der Nähe dieses Gebäudes kein Steinbruch befindlich war, so mufsten die Steine aus einer ziemlich weiten Entfernung dahin geschafft worden seyn. Allein welche unsägliche Mühe mufste dieses gekostet haben, weil dieses Volk kein Geräthe, um etwas von einem Orte nach dem andern zu bringen, kennt, und sich dazu blofs seiner Hände bedienet! Auch konnten sie die Korallensteine nicht anders aus dem Wasser herauf geholt haben, wo man sie zwar häufig, aber in einer Tiefe von nicht weniger als 5 Fufs, findet.

„Der Felsen sowohl als die Korallensteine konnten nur mit Werkzeug von der nämlichen Steinart behauen, das Glätten hingegen mittelst scharfen Korallensandes, den man am Strande allenthalben in grofser Menge findet, leichter bewerkstelliget worden seyn.

„Mitten auf dem Gipfel stand ein aus Holz geschnitzter Vogel, und bey demselben lag eine aus Stein gehauene Figur von einem Fische, die aber zerbrochen war.

„Die ganze Pyramide machte fast die eine Seite eines geräumigen, beynahe gleichseitigen, viereckigen Platzes aus, der 360 Fufs lang und 354 Fufs breit war. Dieser ganze Bezirk war mit einer steinernen Mauer umgeben, und durchaus mit flachen breiten Steinen gepflastert; doch wuchsen des Pflasters unerachtet und zwischen demselben, verschiedene von den Bäumen, die sie *Etoa* heifsen, defsgleichen auch Plantanen darin.

„Ungefähr 300 Fufs von diesem Gebäude befand sich ein anderer gepflasterter Bezirk oder Hof, innerhalb dessen verschiedene kleine Gerüste aus ungefähr 7 Fufs hohen hölzernen Pfosten aufgerichtet waren. Die Indianer nannten solche *Ewatas*, und die Engländer hielten sie für eine Art Altäre, weil die Leute allerley Lebensmittel, als Opfer für ihre Götter, darauf zu legen pflegten. Auch sahen die Engländer in der Folge, dafs die Einwohner ganze Schweine darauf legten; und man fand wohl an 50 Schädelknochen solcher Thiere, defsgleichen eine Menge Hirnschädel."

So viel von dem, was den Geschmack und die Kenntnisse der O-Tahiten in ihrer Bauart anlanget. — Mich weitläuftiger hier einzulassen, mufs ich um so mehr anstehen, da der Geschmack sämmtlicher Völker des Südmeeres noch in seiner völligen Kindheit, und daher für uns weder eigentlich anwendbar noch nachzuahmen ist.

So wie man aber um des Reitzes der Neuheit willen Chinesische und Türkische Pavillons, Einsiedlerhütten und so weiter, zu Garten-Partien zu benutzen weifs, eben so gut könnte man auch eine Garten-Partie mit einem dazu gehörigen Gebäude, oder auch in einer Wohnung ein Zimmer, im O-Tahitischen Geschmack einrichten.

Das hier folgende erste Blatt zeiget die Gegenstände, die bey der Ausführung dieser Idee zu benutzen seyn würden.

Tafel I.

Im Vordergrunde siehet man die Gebäude der O-Tahiten; Kleidungsstücke, musicalische Instrumente u. s. w. der Völker des Südmeeres sind in den Festons angebracht.

Die im Hintergrunde angebrachte Landschaft giebt eine Idee der Vegetation von O-Tahiti. Ganz hinten wird man ein vollständiges O-Tahitisches Gebäude gewahr; und vorn ist der Zug der Königin von O-Tahiti, Oberea, wie sie den Engländern entgegen gehet, und ihnen das Zeichen des Friedens und die Neigung selbige gut aufzunehmen ankündiget, vorgestellt.

Tafel II.

enthält eine Musterkarte einiger O-Tahitischer Zeuge, aus welchen dieses Volk seine Kleidungsstücke verfertiget.

Bey einem in O-Tahitischem Geschmack verzierten Zimmer könnte man diese von Leinwand machen lassen, und die in dem Zimmer befindlichen Sitze damit überziehen.

Die Art, diese Zeuge in O-Tahiti zu verfertigen, ist folgende:

Man bedient sich dazu der Rinde junger Papiermaulbeer-Bäume, die ohngefähr einen Zoll dicke sind. Sechs und mehrere Weiber stehen oder sitzen zu beyden Seiten eines langen viereckigen Balkens, auf welchem sie die junge fasrige Rinde mit einem schmalen vierseitigen Stück Holz klopfen. In diese Instrumente sind auf allen vier Seiten parallele Furchen eingeschnitten, welche auf der ersten Seite flächer und weitläuftiger, als auf der zwoten, sind, und so werden sie auf der dritten und vierten Seite tiefer und enger neben einander. Diese Furchen geben den feinen Zeugen ein papierähnliches Ansehen.

Während des Klopfens besprengen sie die Rinde und die daraus geschlagenen Fasern mit einem Leim vom efsbaren Ibisch — *Hibiscus esculentus* — um die einzelnen Stücke in eine zusammenhängende Masse zu bringen, weil sie Stücke von 9 Fufs breit, und bis zu 150 Fufs lang verfertigen.

Die Farbe, womit sie die also gefertigten Zeuge zu verschönern suchen, nehmen sie aus dem Pflanzenreiche, und zwar aus dem Safte einer kleinen Feigenart, die in Matavai Bay Mattig genannt wird, auch aus dem Safte eines Farrenkrautes.

Beyde geben gemischt ein hohes Cramosi. Die Farben tragen die Frauen theils mit den Händen auf die Zeuge, theils besprengen sie nur die Zeuge damit, oder sie tauchen Bambusröhre in die Farbe, und drücken solche in verschiedenen Richtungen auf den Zeug.

Die Farbe ist vergänglich, verschiefst leicht, und verträgt keine Nässe. Solche Zeuge sind indessen bey ihnen sehr beliebt, und haben einen hohen Werth.

Auf dem Ostereilande färben sie den Zeug mit *Curcuma*-Wurzel gelb; am gewöhnlichsten aber nehmen sie den auf allen Südinseln gewöhnlichen espenartigen Ibisch — *Hibiscus populneus Linn.* —

Die Werke, aus denen hier geschöpft worden, sind:

1) Geschichte der Seereisen und Entdeckungen im Südmeere, unternommen von Commodore Byron, Capitän Wallis, Capitän Carteret, und Capitän Cook, in drey Bänden, verfasset von D. Johann Hawkesworth, aus dem Englischen übersetzt von Johann Friedrich Schiller. 4. c. F. Berlin, 1774.

Geschichte der Seereisen im Südmeere aus den Tagebüchern der
Schiffsbefehlshaber und der Handschriften der gelehrten Herren,
J. Banks Esq., D. Solander, D. J. G. Forster und Herrn G.
Forster, aus dem Englischen übersetzt, vom Verfasser, Herrn
George Forster. 4. c. F. Berlin, 1778.

5) William Blighs, Capitäns der Grofsbrittannischen Flotte, Reise
in das Südmeer im Jahr 1787, aus dem Englischen, in Forsters
Magazin merkwürdiger Reisebeschreibungen. 17ter Band des
Magazins, 1793.